IJS 서울대학교 일본연구소
Reading Japan 3

러일전쟁과 대한제국

日露戰爭と大韓帝國

저자 와다 하루키(和田春樹)
감수 최덕규(동북아역사재단 연구위원)
번역 이경희

제이앤씨
Publishing Company

책 을 내 면 서

서울대 일본연구소가 〈리딩재팬〉 시리즈로 인사를 드립니다. 〈리딩재팬 Reading Japan〉은 '스피킹 재팬 Speaking Japan'을 문자로 기록한 시리즈입니다.

저희 일본연구소는 세계와 소통하는 연구거점으로 거듭나기 위해, 세계의 저명한 연구자와 다양한 분야의 전문가를 초청하여 각종 강연회를 개최하고 있습니다.

강연회는 현대 일본의 복잡다단한 동향과 일본연구의 세계적 쟁점을 보다 생생하고 신속하게 발신하는 형식입니다. 하지만 '말'을 기억하는 힘은 역시 '글'에 있습니다. 이 작은 책자들 속에는 한 귀로 흘려버리기에 아까운 '말'들을 주워 담았습니다.

〈리딩재팬〉은 일본의 정치, 외교, 경제, 역사, 사회, 문화, 교육 등에 걸친 쟁점들을 글로벌한 문제의식 속에서 알기 쉽게 풀어내고자 노력합니다. 강연회에서 논의된 다양한 주제들을 대중적으로 확산시키고, 일본연구의 사회적 소통을 넓혀나가는 자리에 〈리딩재팬〉이 함께 하겠습니다. 앞으로도 많은 관심을 부탁드립니다.

차 례

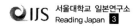

서울대학교 일본연구소
Reading Japan 3

저자 서문

- 메이지유신 100년이 되는 1968년, 「산케

- 이신문」에 연재됐던 시바 료타로의 소
  설 『언덕 위의 구름』에는 러일전쟁 당
  시의 일본인들의 전쟁사관이 반영되어
  있습니다. 러일전쟁은 분명 제국주의시
  대 현상의 하나였지만, 일본의 입장에서
  는 궁지에 몰린 끝에 사력을 다했던 방
  어전이었다는 것이죠.

和田春樹

　일본의 전후(戰後)적 전쟁사관은 종전 후 10년쯤 지나자 조금씩 다른 목소리를 내기 시작합니다. 전전(戰前)의 일본의 전쟁사를 전(全)부정하는 역사인식을 의문시하고, 만주사변 이전의 러일전쟁을 긍정하려는 목소리입니다.

　메이지유신 100년이 되는 1968년, 『산케이신문』에 연재됐던 시바 료타로의 소설 『언덕 위의 구름』에는 러일전쟁 당시의 일본인들의 전쟁사관이 반영되어 있습니다. 러일전쟁은 분명 제국주의 시대 현상의 하나였지만, 일본의 입장에서는 궁지에 몰린 끝에 사력을 다했던 방어전이었다는 것이죠. 이에 대한 비판적 견해로서, 러일 양국간의 커뮤니케이션이 보다 철저했더라면 러일전쟁은 피할 수 있었다는 주장이 제기됩니다(치바 이사오 『구외교 형성 ——일본외교 1900-1919』, 2008년). 하지만 이러한 주장도 조선 지배권에 대한 일본의 집착이라는 문제 자체에 대해서는 침묵할 뿐입니다.

일본의 조선 침략의 본격적 개시를 청일전쟁으로 보는 데는 대부분의 역사가들의 중론이 일치합니다. 청일전쟁은 조선전쟁으로 시작된 것이죠. 조선전쟁에서 시작됐다는 점에서는 러일전쟁도 마찬가지입니다. 개전 결정을 내린 일본은 러시아 측에 외교단절을 통고하고, 이미 같은 날 저녁에는 전시중립을 선언한 대한제국의 진해만을 점령했습니다(1904.2.6). 그러니까 러일전쟁에서의 일본의 군사행동은 바로 대한제국의 진해만 점령으로 시작된 것이죠. 이에 관해서는 일본해군 군령부의 『메이지 37,8년 해전사』(극비)만이 명시하고 있습니다.

여순과 인천 바다에서 러시아 군함에 심한 타격을 입힌 일본은 이어 러시아에 선전포고를 하였고, 대한제국 정부에 대해서는 한일의정서에 조인하도록 굴복시킵니다(1904.2.23). 대한제국은 일본에 토지를 넘겨 전쟁에 협력하겠다는 내용이었죠. 이듬해 봄에는 일본군의 만주 진출로 만주전쟁이 시작되고, 이로써 러일전쟁이 본격화되는 것입니다.

이상의 내용으로 볼 때, 시바 료타로의 『언덕 위의 구름』에 나타난 메이지 일본의 국민적 과제, 즉 러시아에

대한 승리란 다름 아닌 조선의 병합을 의미했음이 분명해
집니다. 『언덕 위의 구름』의 제 2권 집필을 마친 저자의
후기에서는, 저자 자신도 당시의 일본에 있어 진짜 문제
는 러시아가 아닌 조선이라는 것을 감지하기 시작했음을
엿볼 수 있습니다. 그러나 시바는 『언덕 위의 구름』 속의
역사관이 품고 있는 문제를 남은 집필에 반영하지 못한
채 서둘러 작품의 막을 내리고 맙니다.

  2010년과 2011년, 『언덕 위의 구름』은 그 2,3부가 TV
드라마(NHK) 방영을 앞두고 있습니다. 일본인들은 이 시
점에서 러일전쟁을 비롯해 일본, 대한제국, 러시아 삼국
의 관계를 생각해 보아야 할 것입니다. 아울러 『니콜라이
루셀─국경을 넘는 나로드니키』(1973년)를 비롯해, 저의
지금까지의 러일전쟁 연구가 이에 활용될 수 있다면 기쁘
겠습니다.

서울대학교 일본연구소
Reading Japan 3

강연록

- 일본에서는 태평양전쟁이 끝난 후, 전쟁
- 과 군대에 대해서 혐오하고 반발하는
분위기가 강하게 나타났습니다. 하지만
그러한 전후도 10년이 지나자 '전전 일
본의 전쟁 역사는 전연 부정되어야 하
는가?, 만주사변 이후라면 몰라도 러일
전쟁까지는 괜찮았던 것 아닌가?' 라는
인식이 나타나게 됐습니다.

러일전쟁과 대한제국 —————

日露戰爭と大韓帝國

和 田 春 樹

1. 나의 러일전쟁 연구

　제가 처음으로 러일전쟁에 관해 쓴 책은 1973년 중앙공론사(中央公論社)에서 나온 『니콜라이 루셀——국경을 넘는 나로드니키(ニコライ・ラッセル——国境を越えるナロードニキ)』입니다. 상하 두 권에 2000쪽이 넘는 긴 내용을 담은 것으로 제가 쓴 첫 번째 책이기도 한데, 그 내용은 다음과 같습니다. 러일전쟁 말기 일본 전국에 서른 곳의 포로수용소가 있어서 7,8만 명의 러시아인 포로가 수용되어 있었는데, 그들을 대상으로 일본 육군의 승인을 얻어 혁명공작을 수행했던 사람이 있었습니다. 러시아인으로 전 나로드니키 혁명가, 그리고 하와이 준주(準

15

州) 초대 상원의장이었던 닥터 루셀(Doctor Russel), 본명 니콜라이 수질로프스키(Nikolai Sudzilovskii)라는 인물입니다. 이 책에서는 그의 전 생애, 특히 일본에서의 포로공작과 그 후 나가사키(長崎)에서의 혁명 활동, 그리고 일본에서의 생활 등에 관해 다루었습니다.

이 책에서는 또한, 러일전쟁과 러시아제국 안팎에서의 혁명운동, 민족운동과의 관계에도 주목했습니다. 사실, 러일전쟁 당시 러시아 혁명가들은 황제정부가 패배하기를 바랐습니다. 혁명적 패전주의라고 하죠. 황제정부의 패배는 곧 일본의 승리를 의미합니다. 특히 과격했던 레닌(V. Lenin)은 여순(旅順)을 함락시킨 "일본 부르주아지가 감당하고 있는 혁명적 임무"로 러일전을 말하기까지 했습니다. 일본의 승리는 곧 조선의 지배를 의미하는 셈인데, 이에 관해서는 입장이 난처해서인지 아무도 언급하려 하지 않았습니다. 레닌의 반대자였던 멘셰비키의 마르토프(L. Martov)는 이 논의에 반대했습니다. 그는 러시아 관료가 만주를 개발하는 것에 격분했다면서 부르주아 일본의 조선개발을 찬미할 수는 없다고 잘라 말했습니다. 저는 이 논쟁을 조사하면서, 일본과 러시아의 관계가 늘 조선과 관련되어 있음을 보고 당시의 러일관계가 실은 조선을 포함한 삼국관계라는 확신을 갖게 됐습니다. 하지만 당시는 그 정도에 생각이 미칠 뿐이었습니다.

그러고 나서 벌써 40년 가까이 지났습니다만, 러일전쟁이라는 테마에 대해서는 그 이후로도 줄곧 관심을 갖고 있었습니다. 그러다가 2005년 '러일전쟁 100년'이라는 게이오(慶應)대학 국제 심포지엄 참가를 계기로 러일전쟁에 대해 본격적으로 연구하게 됐습니다. 특히 2009년에 완성을 서둘렀던 것은, 시바 료타로(司馬遼太郎)의 소설『언덕 위의 구름(坂の上の雲)』이 NHK에서 TV드라마로 제작되어 연말부터 방영될 것이라는 당시 상황과, 2010년의 합일합병 100년이라는 국민적 논의에 공헌하고 싶다는 마음 때문이었습니다. 그리하여 2009년 12월에 저의 책『러일전쟁·기원과 개전(日露戰爭·起源と開戰)』 상권이 이와나미서점(岩波書店)에서 간행된 데 이어 2010년 2월에는 그 하권이 나오게 됐습니다.

2. 시바 료타로 『언덕 위의 구름』에 관하여

일본에서는 태평양전쟁이 끝난 후, 사회적 분위기로서 전쟁과 군대에 대한 혐오와 반발이 강하게 나타났습니다. 군신(軍神)이나 군사적 영웅은 거부됐지요. 하지만 그러한 전후(戰後)도 10년이 지나자 '전전(戰前) 일본의 전쟁 역사는 전부 부정되어야 하는가? 만주사변 이후라면 몰라도 러일전쟁까지는 괜찮았던 것 아닌가?' 라는 인식이 나타나게 됐습니다. 전후 역사학에서는 메이지(明治)유신을 통해 천황제 국가가 생겨났고 바로 그 국가가 아시아를 침략한 것이므로 메이지유신 그 자체에 문제가 있다고 생각했었는데, 그러한 평가에 대한 반발도 나오기 시작했습니다.

이러한 움직임은 먼저 1957년 신동보(新東寶) 영화사에서 제작한 「메이지 대일본제국과 러일전쟁(明治大帝と日露戰爭)」이 5억 6천만 엔의 수익을 올리며 빅히트하는 현상으로 나타났습니다. 이어서 1961년에는 도쿄(東京)대학 시마다 긴지(島田謹二) 교수의 저서 『러시아에서의 히로세 다케오(ロシアにおける廣瀬武夫)』가 화제가 됐습니다. 히로세 다케오는 잊혀졌던 군신의 한 명으로 러일전쟁 때 여순항 폐색작전(旅順港閉塞作戰)에서 전사했던 인물입니다. 시마다 씨는 히로세가 러시아 주재무관을 지냈고 러시아에 대해 연구했으며, 러시아 해군소장의 딸과 연인관계였음을 알아냈습니다. '히로세는 그녀에 대한 연정을 품으면서도 여전히 그 자신은 군인으로서 조국을 위

해 싸우다 죽어 갔다. 그야말로 꽃도 피우고 열매도 맺었던 무사이다', 시마다는 그와 같은 내용으로 강렬한 인상을 주었던 것입니다.

그리고 1968년이 됐습니다. 바로 메이지유신 100년을 맞은 해입니다. 그해 4월부터 『산케이(産経)신문』에 시바 료타로 씨의 소설 『언덕 위의 구름』이 연재되기 시작했습니다. 산케이신문의 사장으로부터, "메이지유신 100주년에 맞는 신문 소설을 써주면 좋겠다"는 요청을 받아 쓴 것입니다. 이것은 이요(伊予) 마쓰야마(松山) 출신인 아키야마 요시후루(秋山好古)와 사네유키(眞之) 형제, 그리고 사네유키의 친구였던 마사오카 시키(正岡子規)에 관한 이야기입니다. 요시후루는 일본 기병의 아버지라 불렸던 사람이고, 사네유키는 해군참모로 동해(=日本海)해전의 전략을 세웠던 인물입니다. 마사오카 시키는 현대 하이쿠(俳句)의 창시자입니다. 시키는 1867년생, 사네유키는 1868년생이니까 그야말로 메이지 유신의 아이들인 셈이죠. 그래서 시바 씨가 단행본 1권 후기에 쓴 유명한 말이 있습니다.

유럽적인 의미에서의 '국가'가 메이지 유신을 통해 탄생했다. (중략) 누구나가 '국민'이 되었다. 익숙하지 않으면서도 '국민'이 된 일본인들은 일본 역사상 최초의 체

험자로서 그 신선함에 흥분했다. 참으로 안쓰럽기만 한 그 흥분을 알지 못한다면 이 당시의 역사를 이해할 수 없다.

정부도 작은 살림이었고, 여기 등장하는 육해군도 거짓말처럼 작다. 그 작은 마을 공장 같은 국가 안에서 각 영역 별로 의무와 권능을 부여 받게 된 요원들은 후회 없이 맘껏 일하여 작은 살림을 강하게 만들겠다는 단 하나의 목적을 향해 나아갔고, 그러한 목적을 의심할 줄조차 몰랐다. 이 시대의 명랑함은 그러한 낙천주의에서 비롯된 것이다. 이 장편은 일본사상 유례없이 행복한 낙천가들의 이야기이다.

낙천가들은 그와 같은 시대인적 기질을 갖고 앞만을 응시하며 걷는다. 올라가는 언덕 위의 푸른 하늘에 만약 한 조각의 하얀 구름이 빛나고 있다면 그것만을 응시하며 언덕을 올라 갈 것이다.

군인과 문학가라는 전대미문의 조합으로 세 인물의 성장기를 쓴 것입니다. 세 명에게 있어 인생 최대의 과제는 러시아와의 전쟁입니다. 압박해 오는 러시아와 싸우는 것이 숙명이며 국민적 과제입니다. 메이지 유신의 아이들은 그러한 국민적 숙명을 짊어지고 필사적으로 노력했다는 것이죠. 왜 그랬는지에 대해 시바 씨는 이렇게 기술하고 있습니다.

러시아제국은 이미 시베리아를 그 손에 넣었고 연해주(沿海州)와 만주(滿州)를 그 제압 하에 두려 하고 있으며, 그 여세를 몰아 조선에까지 힘을 뻗칠 듯한 기세다. 일본은 보다 절실했다. (중략) 조선을 영유하려 한다기보다는 조선을 다른 강국에 빼앗겼을 경우 일본의 방위가 성립하지 않는다는 것이었다.

시바 씨는 "일본이 이토록 조선에 집착했다는 것은 역사적 단계가 지난 오늘날에는 참으로 불합리하고 보기에 따라서는 우스꽝스럽게까지 보이는"데, 하지만 "19세기부터 이 시대에 걸쳐 세계 각국과 지역들은 타국의 식민지가 되든지 그게 싫으면 산업을 부흥시키고 군사력을 갖춰 제국주의국가들의 동료가 되든지 하는 두 가지 길밖에 없었다", "유신을 통해서 자립의 길을 택한 이상, 일본은 이미 그 때부터 타국(조선)에게 폐를 끼친다는 것을 전제로 내 나라의 자립을 유지해야 했던 것이다. 즉, 일본은 조선을 고집해야 하는 역사적 단계에 있었다. 만약 이를 버린다면 조선은 커녕 일본마저도 러시아에 병합돼 버릴 위험이 있다"고 말하고 있습니다.

하지만 이 같은 논의를 하면서도 막상 『언덕 위의 구름』에는 조선에 관한 내용이 나오지 않습니다. 조선에 관해서는 "대한제국 스스로는 더 이상 어찌할 수 없다. 이왕

조(李王朝)는 이미 5백 년이나 계속돼 그 질서는 완전히 노화돼 버렸기 때문에, 자신들의 의사와 힘으로는 스스로의 운명을 열어 갈 능력이 전혀 없다고 해도 무방했다"는 내용뿐입니다. 그리고 이 책에 나오는 조선인의 이름은 동학당의 리더였던 전봉준(全琫準)뿐입니다. 당시 조선의 국왕이었던 고종에 관해서는 한 번도 나오지 않습니다. 또한 고종의 비(妃)이면서 일본 공사에 의해 시해된 명성황후에 대해서도 나오지 않습니다.

그런가 하면 러시아 측 인물은 황제 니콜라이 2세에 관해서도, 황제의 오른팔과 같던 베조브라조프(Alexander Mikhailovich Bezobrazov), 여순에 있는 극동총독 알렉세예프(Evgenii Ivanovich Alekseev)에 대해서도 나옵니다. 황제와 함께 이 두 사람이 전쟁 추진 세력으로 되어 있습니다. "러시아 황제가 마치 징기스칸처럼 엄청난 모험을 위해 본격적으로 나선 것은 알렉세예프와 베조브라조프 두 권력자에 의한 극동체제가 확립된 후이다", 그런 일파에 저항해서 전쟁을 피하려고 했던 인물로 재무대신 비떼(Sergei Yulyevich Witte)가 있었다는 점은 지적되고 있지만, 시바 씨는 "희한하게도 러시아 군인은 누구 하나도 일본의 실력을 정당하게 평가한 사람이 없었을 뿐 아니라, 냉정하게 분석한 사람조차 없었다"고 단언하고 있습니다.

결국 러일전쟁이란 무엇이었나? 시바 씨는 이렇게 말합니다. "사태가 냉각된 후세라는 시점에서 봐도 여전히 러시아의 태도에는 변호할 만한 점이 전혀 없다. 러시아는 일본을 고의로 죽음으로 몰아넣었다. 일본을 궁지에 몰린 쥐로 만들었다. 일본으로서는 사력을 다해서 고양이를 물 수밖에 없었을 것이다", "러일전쟁이란 세계사적인 제국주의시대의 한 현상임에는 틀림없다. 하지만 그 중에서 일본 측 입장은 궁지에 몰린 자가 있는 힘을 다해 임했던 하나의 방어전이었던 것도 부정할 수 없다."

이는 시바 씨 자신의 인식이라기보다『언덕 위의 구름』의 등장인물인 아키야마 형제와 마사오카 시키의 생각이자 러일전쟁을 치렀던 당시의 일본인 대부분의 생각입니다. 시바 씨는 러일전쟁을 겪은 일본인의 생각을 작품 속에 넣은 것이죠. 당시 사람들이 생각했던 그대로를 묘사하는 수법을 택한 겁니다. 시바 씨의 이 작품에 나타난 역사인식에 대해서는 여러 가지 비판이 나오고 있습니다. 2009년에는 NHK 드라마화에 관한 얘기도 나와 큰 화제가 됐습니다. 역사가로서는 나카쓰카 아키라(中塚明) 씨의『시바 료타로의 역사관(司馬遼太郎の歷史觀)』(고문연(高文硏))과 나카무라 마사노리(中村政則)씨의『「언덕 위의 구름」과 시바 료타로(「坂の上の雲」と司馬遼太郎)』(이와나미서점)가 비

판을 가했습니다. 하지만 한편으로, 문예춘추사(文藝春秋社)에서는 대형판 무크지를 출간해서 『언덕 위의 구름』의 뛰어남과 거기에 묘사된 메이지 사람들의 뛰어난 판단력, 용기, 아름다운 인품 등을 칭양하고 있습니다.

그럼 이제 역사가의 실증적인 연구에 눈을 돌려 보죠. 먼저 쇼와(昭和)여자대학의 치바 이사오(千葉功) 씨의 연구가 최근에 널리 평가되기 시작했습니다. 치바 씨의 연구 『구외교의 형성: 일본외교 1900-1919(旧外交の形成: 日本外交1900-1919)』(경초서방(勁草書房))도 2008년에 나왔습니다. 그도 시바 료타로의 생각에 부정적입니다. "야마가타 아리토모(山縣有朋), 이토 히로부미(伊藤博文) 등의 원로파와 가쓰라(桂) 수상과 고무라(小村) 외상 등, 이들 소장파 간의 대러시아 정책상의 대립은 대수로운 것이 아니었다. 어느 쪽도 얘기만 잘 되면 러시아와 협정을 맺고 전쟁을 피할 생각을 갖고 있었다. 한편, 러시아 측 자료를 보면 러시아에는 전쟁할 의사가 없고 조선을 일본에 양보할 생각이었다. 그러니까 러일전쟁은 피할 수 있는 전쟁이었는데도 전쟁까지 가게 된 것은 커뮤니케이션상의 차질 탓이다." 치바 씨의 주장은 이렇게 결론지어집니다. "철저한 커뮤니케이션이 이루어지지 못해서 생겼던 상호 신뢰 구축 실패에 기인한 전쟁이었다". 치바 씨는 러시아어를 읽지는 못하지만 러시아 측 자료를 파악하려고 크게 노력하신 분입니다. 하지만 이러한 인식으로 접근하는 한 일본의 조선 지배권 집착이라는 문제는 희미해져 어디론 가 사라져 버리지 않을까 싶습니다.

3. 러시아의 연구

전쟁이 끝난 지 100년이나 지났는데 일본의 러일전 쟁 인식 수준이 이 정도인 이유는 러시아에서의 연구가 충분한 수준까지 진전되지 않았기 때문이라고 봅니다. 실은 러시아에서 러일전쟁 직후에는 군인들이 많은 수기나 회상록을 썼고, 전쟁이 왜 일어났는가? 왜 이러한 결과로 끝났는가? 어디에 문제가 있는가?에 관하여 진지하게 논의했습니다. 1910년부터 나온 참모본부의 러일전쟁사도 9권 16부로 된 대저작으로 내용면에서도 충실했습니다. 공식전사(戰史)에 해당하는 이 저작의 첫 번째 권은 전쟁의 기원을 다루고 있는데, 그 첫 장을 담당한 시만스키(P.N. Simanski) 육군 소장은 육·해군성, 외무성, 재무성 등의 비밀사료를 철저히 조사해서 총 3권 791쪽의 조서를 완성했습니다. 현재까지 러시아인이 쓴 러일전쟁사로서는 최고의 연구입니다. 너무 많은 자료를 사용했기 때문에, 이 조서는 외상의 반대로 7부밖에 인쇄되지 못한 채, 이후 85년 동안 전설 속에 묻힌 책이 돼버린 것이죠. 시만스키는 혁명 후에 망명했지만 끝내 이 책을 세상에 내놓지는 못했습니다. 그로 인해 소련 시대 최고 권위였던 로마노프(Boris Romanov)의 『만주의 러시아(1892-1906년)』(1928년)도 시만스키는 참조하지 못했죠. 소련붕괴 후, 시만스키의 책은 혼잡을 틈타 불행한 형태로 복간되지만 전문가도 주의를 기울이지 않는 상태였습니다. 따라서 오늘날 러시아 최고의 연구자인 루코야노프(Igor Lukoianov)의 2005년 게이오대학에서 한 보고도 시만스키를 읽지 않고 이루어진 것이죠. 그때 저는 시만스키를 읽고 보고를 준비했기 때문에 제 쪽이 확실히 유리한 입장에 있었습니다. 루코야노프는 그 후 시만스키를 읽고 연구를 완성시켜서 2008년에 『「열강에 쳐지지 마라」: 19세기 말·20세기 초 극동에서의 러시아』를 출판했습니다.

왜 이렇게 된 걸까요? 그건 역시 러시아인에게 있어 러일전쟁은 유쾌한 전쟁이 아니었다는 점, 스탈린 시대에 러일전쟁 연구는 위험한 주제였다는 점 등의 영향이라고 생각합니다.

4. 한국의 연구

한국의 연구에 관해 한마디 언급해 두겠습니다. 1983년 한양대학교 신승권(辛承權) 교수가 저를 방문했습니다. 신 교수는 저에게 자신의 저서인『*The Russo-Japanese Rivalry over Korea*, 1876-1904(Seoul, 1981)』를 줬습니다. 소련에서 공간된 자료와 일본의 외교문서를 상세하게 다룬 좋은 연구였다고 기억합니다. 다음으로 알게 된 것이 1997년에 모스크바에서 나온 러시아어로 된 박종효(朴種涍) 씨의『러일전쟁과 조선』입니다. 러시아 문서관에서 자료를 조사한 성과로서 주목할 만한 책입니다만, 그 안에 사용된 중요한 자료가 시만스키 저서의 재인용이어서 다소 의문이 남았습니다. 그 후 박종효 씨는 2002년에 러시아 외무부 문서관의 한국 관련 문서 내용을 요약한 것을 서울에서 간행했습니다. 사료를 하나하나 짧게 소개한 것이지만 유익합니다. 이것을 계통적으로 이용하면서, 한국·일본의 사료와 함께 분석한 것이 현광호(玄光浩) 씨의『대한제국과 러시아 그리고 일본』(2007년)입니다. 노작이지만 저자는 직접 러시아의 문헌자료를 전혀 보지 않아 문제가 있습니다. 이에 반해, 러시아에서 오랫동안 연구하고 러시아어로 출판했던 박사논문을 한국어로 출판

한 최덕규(崔悳圭)씨의『제정러시아의 한반도 정책, 1891
-1907』(2008년), 마찬가지로 러시아에서 연구한 김영수(金
永洙) 씨가 쓴 몇 편의 논문과 석정남(石正南) 씨의 논문
은 러시아의 원 자료를 검토한 중요한 연구로, 이 연구자
들의 향후 연구에 대해 큰 기대를 하고 있습니다. 총괄적
인 연구로는 한양대학교 명예교수인 최문형(崔文衡) 씨가
『한국을 둘러싼 제국주의 열강의 각축』(2002년),『국제관
계로 본 러일전쟁과 일본의 한국병합』(2004년)을 발표하
셨는데 모두 일본어로 번역돼 있습니다.

또한 대한제국 정치사에 관해서는 서울산업기술대학
교 서영희 교수가 2003년에『대한제국 정치사 연구』를 출
판하셨습니다. 제가 책을 낼 때는 이 중요한 연구를 참조
하지 못해 부끄러운 마음이었습니다만, 읽어 보니 이 역
시 한러관계를 일본의 외교자료를 통해 본 것이어서 방법
적인 면에서는 불충분하다고 할 수 있을 것 같습니다.

5. 고종의 러시아 접근

지금부터 제 책 내용 중에서 역사적 경위에 따라 중요
하다고 생각되는 점을 말씀드리겠습니다. 1876년에 일본의

요구로 조선은 개국을 하게 됐습니다. 청으로부터 책봉받던 조선에 대해 일본이 개입을 강화해 가는 과정에서, 1880년대에는 임오군란과 갑신정변이 잇달아 일어납니다. 청과 일본 사이에서 농락당한 국왕 고종은 스스로의 의지로 러시아에 접근해서 외교 고문 묄렌도르프(Paul George von Möllendorf)의 조언으로 보다 확실하게 러시아의 보호국이 되기 위해 힘씁니다. 이러한 고종의 결단은 그의 일관된 반일주의에 의거한 것이라고 할 수 있습니다. 이 첫 시도는 실패로 끝나게 되는데, 이때 일본 정치가의 반응은 격렬했습니다.

1885년 6월 5일 고종의 움직임을 알게 된 이노우에 가오루(井上馨) 외상은 청국공사 서승조(徐承祖)에게 "조선은 그 국왕이나 군신 관계나 정치 체제가 하나같이 어린애 같은 데가 있어", "심히 우려되는" 바라고 화를 냅니다. 그리고 놀랄만한 소식을 들었다며 그 내용을 들려줍니다. "한시도 그냥 놔둬선 안 된다", 양국이 협력해서 "저지할 방법을 강구하지 않으면, 이 나라의 외교는 유치한 수준이라 곧 귀국(청)과 우리나라에 그 화를 미치게 될 것이다", "그러므로 조선 왕의 정치 관여를 어느 정도 구속해 외교상의 망위(妄爲)를 막을 필요가 있다"고 제안합니다. 청국 공사가 조선 국왕을 "구속하는 것은 심히 골치

아픈 일이다"라며 소극적인 반응을 보이자, 이노우에는 조선 정치의 혼란함을 덧붙이며 자신이 조선을 방문했을 때의 인상을 얘기합니다.

　　내가 요전에 조선에서 왕의 얼굴을 볼 기회를 얻었을 때, 가까이서 그 풍채를 봤더니 올해 약 34,35세로 보였다. 이 나이에 문제 처리하는 게 이 모양이니, 설령 현명하고 확실한 사람을 보내 차근차근 타이른다 해도, 그가 악을 떠나 선을 행한다는 것은 불가능하리라는 것을 알아야 한다.

　　이노우에의 이 같은 감정에 대해 종래의 연구자는 전혀 주목해 오지 않았습니다. 이노우에는 고종에 대해 격앙하며 결정적인 불신감을 품은 것이죠. "러시아와 결탁하려 하는 조선 왕을 어떻게 해서든 제지해야 한다. 이 인물은 교정도 개량도 불가능하다" 포기한 것이죠. 이노우에는 계속해서 청과 국경을 접하고 있는 러시아의 위협을 언급하며 그가 생각하는 대처방안의 대략을 설명합니다.

　　이노우에의 안(案)은 6월 10일, 북경에 있는 에노모토(榎本) 공사에게 전달됩니다. 8개 조항 가운데 중요한 처음 두 조항은 다음과 같습니다. "첫째, 조선에 대한 정책은 모두 극비리의 절차로 행하고, 항상 리홍장(李鴻章)과 본

관이 협의한 후에 리 씨(李氏)는 이를 시행해야 한다. 둘째, 조선국왕으로 하여금 지금처럼 내정에서 몸소 정무를 담당케 하지 말고, 또 내관의 집권을 박탈하여 그 정무에 관여하는 길을 끊어야 한다."

리훙장이 이에 응하지 않아 이노우에의 제안은 결실을 보지 못하지만, 이는 결정적인 전환점이 됐습니다. 일본과 고종의 기나긴 싸움이 시작되는 것이죠.

6. 청일전쟁과 삼국간섭

원래 일본의 조선 침략의 본격적인 개시는 청일전쟁이었습니다. 근대 일본의 행보에 대하여 역사가들 사이에서는 여러 가지 논의가 있지만, 청일전쟁에 다다르면 조선에 대한 일본의 침략성이 분명하다는 점에서 거의 모두가 일치합니다. 하라다 교이치(原田敬一) 씨의 『청일전쟁(日淸戰爭)』(2008년)은 청일전쟁의 제 1막인 왕궁 공격을 '일조(日朝)전쟁'이라 부르자고 제안하고 있습니다. 저는 청일전쟁은 '조선전쟁'으로 시작됐다고 하는 것이 옳다고 주장하고 있습니다. '조선을 노린 전쟁', '조선에서의 전쟁'이라는 것이죠.

청일전쟁의 출발점은 청이 조선 정부 측으로부터 동학당의 반란을 진압해 달라는 부탁을 받아 출병했다는 데있습니다. 동학군은 조선의 남부지역에서 활동하고 있었기 때문에, 청국군은 서울의 남쪽에 위치한 아산에 상륙해 진을 쳤습니다. 청국군이 조선에 들어가자 일본은 청이 출병할 때는 일본도 출병해도 된다는 천진(天律)조약을 맺고 있다면서, 조선의 부탁을 받지도 않았는데 대군을 출병한 것입니다. 일본군은 인천에 상륙해서 서울 교외를 점령했습니다. 이것은 완전한 침략적 수법이죠.

다음으로 일어난 일은 1894년 7월 23일 일본군이 왕궁을 공격하고 점령한 사건입니다. 7월 25일, 『도쿄아사히(東京朝日)신문』에 실린 사건의 제1보 호외는 "한국 병사가 오늘 아침 갑자기 북한산 중턱의 성벽에서 발포했다. 우리 병사는 응전하여 즉시 한국 병사를 물리쳤다"라고 하고 있습니다. 무쓰 무네미쓰(陸奥宗光) 외상의 유명한 회상을 기록한 『건건록(蹇蹇錄)』에도 "왕궁 근방에서 갑자기 한국 병사가 먼저 발포했으므로 우리 군은 이를 추격하여 성문을 밀어젖히고 성내로 침입하였다"라고 적혀있습니다. 그러나 이는 고의적인 허위 설명입니다. 청일전쟁 연구의 대가인 나카쓰카 아키라 씨가 1990년대 중반에 후쿠시마(福島)현립도서관에서 일본 참모본부의 청일전쟁 공식전사에 관한 초고를 발견했습니다. 거기에는 "불시에 일어나 왕궁을 침입하여 한국 병사를 쫓아내고 국왕을 보호하고 지키게 한다"는 작전을 계획해서 실시했다고 분명히 기록돼 있습니다. 그런데 공식전사에는 이 부분이 포함돼 있지 않은 채 앞에서와 같은 설명으로 변경된 것이죠.

이때 일본은 국왕의 아버지인 대원군을 옹립하여 신정권을 세웠습니다. 그러니까 쿠데타를 일으킨 것이죠. 게다가 국왕과 신정부에게 "청으로부터 독립하라", 나아가 "청의 군대를 쫓아내 달라고 일본에게 의뢰하라"라고 다그쳤습니다. 조선 정부는 청으로부터의 독립은 선언했지만 청국군을 쫓아내 달라고는 요청하지 않았습니다. 일본공사는 청으로부터 독립했으니 그러한 의뢰가 있었던 거나 다름없다며 청국군에 대한 공격을 단행한 것입니다. 이렇게 해서 조선전쟁이 청일전쟁으로 바뀌어 갑니다.

먼저 풍도(豊島; 경기도) 앞바다에서 일본함대가 청에서 지원병을 수송해 온 영국의 상선과 호위 군함을 공격해 결국 영국 배를 격침시키고 맙니다. 청국군의 대부분에 해당되는 900명 가까이가 익사했습니다. 그 후에 개전 조칙(詔勅)이 나온 것이죠. 다음과 같은 내용입니다. "일본은 조선에 출병하여 내정을 개혁하고 독립국의 권리를 완전케 할 것을 요청했다. 조선은 승낙했으나 청은 뒤에서 방해했다." 청은 "더 많은 병사를 한국에 보내 우리 함대를 한국 해상에서 요격했고 그 난폭함은 극에 달했다", 일본이 솔선해 독립국으로 대우했던 조선의 지위도 조약도 무시됐고, 일본 "제국의 권익을 손상시켜", "동양의 평화"도 보장되지 않는다. 청은 "정말이지 애초부터 평화를 희생시켜서 분에 넘치는 바를 이루려 한 것이라 하지 않을 수 없다. 사태는 이미 이 지경에 이르렀다. 짐은······ 공식적으로 선전포고하지 않을 수 없다." 사실과는 전혀 다른 일본의 행동을 정당화하는 주장이 기술돼 있습니다. 이에 반해 청 측의 칙서는 사실을 담담히 전하고 있습니다.

칙서가 나온 후 최초의 전투는 1894년 9월 15일의 평양전입니다. 당시의 평양은 성벽도시였습니다. 청국군은 전쟁이 시작되자 압록강으로 남하해 평양성에 틀어박혔습니다. 성내에는 청의 병사 만 5천 명 외에 조선 병사도 있었음에 틀림없습니다. 시민은 피난했겠지만 남아 있는 사람도 있었을 것입니다. 평양성전투는 일본 육군 탄생 이래 최초의 본격적인 전투였습니다. 전투는 하루 만에 일본군의 승리로 끝났습니다.

이때부터 일본군은 북상해서 만주로 들어갑니다. 남쪽에 남은 일본군은 동학당의 2차 봉기, 전봉준의 봉기에 대해 매우 잔혹한 학살 작전을 실시했습니다. 이에 관해서는 최근 이노우에 가쓰오(井上勝生) 씨의 연구가 매우 상세히 밝히고 있습니다.

그런데 러시아가 일본에 파견했던 첫 주재무관이 보가크(K. I. Vogak)입니다. 그는 청일전쟁의 종군관전을 원했고, 만주작전부터 일본군과 동행했습니다. 그리고 일본군의 전투력과 조직, 병사의 질적 수준과 전투의욕에 감탄했습니다.

전쟁이 종결됐을 때 보가크의 평가(1895년 2월 28일, 러시아력 2월 16일) 내용은 다음과 같습니다. "일본은 우리가 철저한 주의를 기울여야 할 인접국가임은 추호도 의심할 여지가 없다. (중략) 일본군은 이미 훌륭하게 조직되어 있고, 아주 잘 훈련된 뛰어난 병사로 구성돼 있으며, 자신의 임무에 전적으로 헌신하고 부러울 만한 애정과 합리적인 열정으로 직무에 임하는 장교와, 그가 지휘하는 인상 깊은 전투조직을 지니고 있다. (중략) 나는 일본군이 겨울철에 극도의 곤란한 조건에서 행군하는 것을 봤고, 중국 군대를 상대로 격렬한 포화를 맞으면서도 싸우는 것을 보았다. 그들에 대해서는 진심 어린 경의와 온전한 상찬 말고는 달리 평가할 도리가 없었다. 모든 것이 사전에 고려되었고 모든 것이 정돈되어 있어 아무런 허점도 없다. 현대적 작전의 가장 복잡하고 섬세한 문제를 그토록 능숙하게 해결한다는 점에서는 그 어떤 유럽 참모 본부라 할지라도 경의를 표할 것이다."

일본군이 승리하고 시모노세키(下關) 강화회의가 열립니다. 이 회의에서 일본은 조선에서 청의 세력을 배제할 것을 승인하게 하려고 했습니다. 나아가 대만(台湾)과 요동(遼東)반도의 할양을 요구했습니다. 그 외에 거액의 배상금도 요구했습니다. 제가 평가하기로는 제국주의적 기준에서 보더라도 지나치게 욕심이 과한 요구입니다. 당시 열강은 일본이 이겼으니 대만을 취해도 상관없다고 여겼습니다. 그러나 일본의 이러한 요구에 대해 러시아·독일·프랑스 삼국은 요동반도까지 취하는 것은 지나치니 반환하라고 요구한 것입니다. 그 중심에 있던 것이 러시아입니다. 비떼 재무상은 다음과 같이 주장했습니다. "일본이 제안한 남만주 점령은 우리에게 위협이며, 분명 조선 전체의 일본합병을 초래할 것이다. (중략) 만일 지금 우리가 일본을 만주에 들여보낸다면 우리 영토와 시베리아철도의 방위를 위해서는 수십 만 군대와 우리 해군의 대대적 증강이 필요하게 된다. 왜냐하면 빠르든 늦든 우리와 일본의 충돌은 불가피해질 것이기 때문이다."

삼국의 요구에 일본은 따르지 않을 수 없었습니다.

삼국간섭으로 인해 요동을 환부한 것에 대해 일본국민은 분격하여 와신상담하며 복수하고자 합니다.

7. 명성황후 시해와 아관파천

일본에게 빼앗겼던 것을 러시아가 간섭하여 반환시켰다는 이유로 중국인과 조선인에게 러시아의 주가는 상당히 올라갔습니다. 청일전쟁에서 일본 세력에 공포를 느꼈던 고종이 삼국간섭 당시 명성황후와 함께 러시아에 접근한 것은 자연스러운 일이었습니다. 전쟁 중에 정권의 중심으로 복귀한 친일개화파 박영효의 지위도 위태로워졌고, 일본은 철도 부설권, 전신 부설권도 확보할 수 없게 됐습니다. 이러한 조선의 움직임을 허용하지 않겠다는 인식에서 저질러진 사건이 명성황후 시해입니다.

이 사건에 관해서는 일본의 쓰노다 후사코(角田房子) 씨가 『민비암살(閔妃暗殺)』(1993년)이라는 책을 써서 이 무도한 범죄행위를 처음으로 일본인에게 밝혔습니다. 하지만 최문형 씨는 쓰노다 씨가 이를 일본정부 및 고무라 외상과는 무관한 것이라고 판단한 것에 대해 강하게 비판하며 전임 이노우에 공사의 음모로 인한 것이라고 주장하셨

습니다. 작년에는 김문자(金文子) 씨가 새로운 저서(『조선
왕비시해와 일본인(朝鮮王妃殺害と日本人)』 고문연)에서,
상세한 자료 조사를 통해 그것이 참모본부인 가와카미 소
로쿠(川上操六) 차장과의 결탁이었음을 밝혔습니다. 그러
나 왜 군인 출신 미우라 고로(三浦梧桜)가 공사로 추대된
것인지가 설명돼 있지 않았습니다. 이와 관련해서 저는
박영효와 밀접한 관계가 있던 시바 시로(柴四朗)라는 대
외 강경 활동가가 서울을 수차례 방문하여 미우라를 공사
로 추대하고, 자신은 고문으로서 함께 부임하여 명성황후
시해에 가담했다는 것을 새롭게 주장했습니다. 그 근거는
그가 도카이 산시(東海散士)라는 필명으로 1903년 11월에
발표했던 공상소설 『러일전쟁 하가와 로쿠로(日露戰爭羽
川六郎)』에 나오는 기술내용입니다.

1895년 10월 8일, 일본 공사가 지휘하고 일본 공사관
의 2인자인 1등 서기관 스기무라 후카시(杉村濬)도 가담
하며 일본인 정치활동가와 일본군이 합세하여, 궁전에 들
어가 황후를 죽이고 맙니다. 황후가 시해당한 옆방에
서 고종은 떨고 있었습니다. 이는 엄청난 폭거입니다. 그
폭거를 안뜰에서 보고 있던 것이 러시아인 고용 건축가
세레딘-사바틴(Seredin-Sabatin)입니다. 이 사람은 고종이
거주하는 건청궁(乾淸宮) 안에 서양관 관문각(觀文閣)을

1888년에 지었습니다. 그리고 1897년에서 1899년까지 1905년 당시 고종이 살고 있던 중명전(重明殿)을 짓습니다. 중요한 인물이지만 전기적 사실은 잘 모릅니다. 당시의 러시아 공사 베베르(Karl Ivanovich Veber)도 고종을 동정했던 사람으로 이를 듣고는 격노했습니다. 이것은 용납할 수 없는 일이라며 그는 미우라 공사를 호되게 비난했습니다. 일본은 완전히 궁지에 몰렸죠. 사후 처리를 위해 온 것이 고무라 주타로(小村壽太郎)였고 그는 이후에도 계속 공사로 남았습니다. 결국 미우라도 스기무라도 시바도 재판에는 회부되기는 했지만 전원 무죄로 풀려났습니다.

그러던 중에 왕궁에 있는 것은 위험하다고 판단한 고종은 결국 1896년 2월 11일에 왕세자와 함께 러시아 공사관으로 피하고 거기에서 쿠데타를 일으킵니다. 그때까지 총리대신을 지냈던 김홍집은 서울의 가두에서 살해됐습니다. 이것이 아관파천입니다. 고종은 단순히 도망친 것이 아니라 러시아 공사관에서 스스로의 정치를 시작한 것이죠. 후에 고무라는 공사를 마치고 귀국했을 때, 가쓰 가이슈(勝海舟)의 물음에 대해 "군주를 뺏겼으니 만사가 끝났다"고 답했습니다. 그러니까 일본으로서는 더 이상 어찌해 볼 도리가 없게 된 것이죠. 이는 청일전쟁의 승리에 대한 최대의 반격이었습니다.

8. 러일협정의 시도

일본으로서는 모든 것을 처음부터 다시 시작해야 했습니다. 러시아와 교섭하여 그 승인을 얻는 형태로 얼마간이라도 조선에서의 일본의 권익을 확보함으로써 활로를 찾을 수밖에 없었습니다. 베베르-고무라 각서가 체결됐는데, 최대의 초점은 야마가타 아리토모가 1896년 5월에 니콜라이 2세(Nikolai II)의 대관식을 위해 러시아를 방문했을 때의 교섭입니다. 야마가타는 조선의 독립을 일본과 러시아가 보장하기로 하고 만일 출병할 경우 일본은 조선 남부로 러시아는 조선 북부로 각각 파병하기로 하여 지역을 나누고, 그 경계는 평양의 남쪽 부근으로 하는 것이 어떻겠냐고 제안했습니다. 이것은 거의 39도선 부근입니다. 러시아로 보면 이때가 일본과 협정을 맺을 유일한 기회였다고 하는 사람이 있습니다. 청일전쟁 후에도 1903년까지 청국 주재무관을 지냈고, 러시아에서 극동정세를 잘 알고 있던 보가크가 황제 니콜라이에게 제출한 의견서에서 그렇게 말하고 있습니다. 조선은 일본과 러시아 사이에 존재합니다. 조선에 야망을 품은 일본이 적극적으로 나올 테니, 러시아가 일본을 억제하도록 힘을 행사할지의 여부가 조선 독립의 성패를 가르게 됩니다. 일본과 러시아가 조선에 대한 영향권을 나눠 갖는 협정을 맺으면 일본과 러시아는 전쟁을 하지 않고 끝났을지도 모르고, 일본이 조선을 합병하게 되는 사태는 피할 수 있었는지도 모릅니다. 어떤 의미에서 이때가 커다란 기회였다고 생각됩니다.

그러나 야마가타가 그러한 제안을 했을 때 러시아 외상 로바노프-로스토프스키(Lobanov-Rostovsky, Aleksey Borisovich)는 만족스런 반응을 보이지 않았습니다. 로바노프-로스토프스키는 재무상 비떼와 함께 대관식에 참석한 리훙장과 러청비밀동맹을 체결하려던 참이었죠. 일본이 동아시아의 러시아·청·조선의 영토를 공격한다면 러청 양국은 공동으로 싸운다, 그기 위해서 만주를 횡단하는 철도 건설을 러시아에게 허가한다는 조약입니다. 조선국왕은 러시아공사관으로 피신해 있는 동안 '도와 달라, 군사교관도 재정고문도 보내 달라'고 합니다. 대관식에 온 민영환은 조러동맹 체결도 제안할 것입니다. 러시아는 상당히 유리한 입장에 있습니다. 그러니까 굳이 일본과 확실하게 세력권을 나눌 협정을 맺을 필요는 없다는 것이 러시아 측의 태도였습니다. 그 결과로 체결된 야마가타-로바노프 의정서는 날림식이었습니다.

당시의 러시아 주재 공사 니시 토쿠지로(西德次郎)는 생각했습니다. "러시아의 속내는 보였다. 러시아는 단독으로든 공동으로든 조선을 보호국으로 삼으려는 의사가 없고, 일본과 함께 조선을 남북으로 분할할 의사도 없이, 그냥 적당 적당히 하고 있을 뿐이다. 일본이 세력을 키워 밀고 나가면 러시아는 반드시 후퇴한다." "조선에 관한 논의의 귀착점도 내가 바라는 결과에 가까워질 수 있을 것이다." 이것이 니시가 1896년 7월에 외무성에 보낸 보고의 결론이었습니다. 결정적 순간이었습니다. 결국 러시아는 조선에 무책임하게 관여하고 있을 뿐이었던 것이죠. 현장의 베베르 공사는 필사적이었습니다만 러시아 외무부 측에서는 조선 같은 건 대충해 두라는 것이었습니다.

조러동맹안은 물 건너갔지만, 고종은 1897년 10월 대한제국이라는 국호를 채용하고 스스로 황제로 칭하기로 했습니다. 11월 21-22일에는 명성황후의 국장이 치러졌습니다. 국장의 가마 양측에는 러시아풍의 의장병이 늘어서고 고종탄 왕가(王駕; 임금의 수레)의 네 모퉁이는 러시아인 하사관이 네 명씩 호위를 담당했습니다. 이는 일본에 대한 시위였던 것이죠.

로바노프-로스토프스키 외상은 1896년 8월에 심장마비로 급사했습니다. 후임으로는 덴마크공사였던 무라비요프(Nikolai Nikolaevich Muraviyov)가 됐습니다. 그는 야심가였습니다. 이 외상 밑에서 러시아는 1898년 3월 27일 여순·대련(大連)을 조차합니다. 발단은 전년 11월 13일 청일전쟁에서의 일본의 요구에 자극을 받아 독일이 자오저우만(膠州灣)을 점령한 것입니다. 이는 살해된 독일인 선교사에 대한 보복이라는 의미도 담겨 있습니다만, 독일의 전략적 사고로 인해 실행된 것이기도 합니다. 그러한 독일의 행동에 자극받은 니콜라이 2세가 신임 외상 무라비요프와 손잡고 12월 15일 여순·대련에 러시아함대를 보냈습니다. 러시아의 태평양함대 사령관인 두바소프(F. V. Dubasov)는 조선 남단의 마산과 거제도 점령을 제안하려 했지만 무라비요프가 선수를 쳤습니다. 실제로 조선의 이 지역을 러시아가 취하게 되면 일본과 결정적으로 충돌하게 될 것이기 때문에 황제도 외상도 동의할 리가 없습니다. 모두 다 사려가 부족한 안이지만 상대적으로는 여순·대련 쪽에 그나마 현실성이 있었다는 것이죠.

그러나 러시아의 이 같은 처사에 청은 결정적으로 불신감을 품게 됐습니다. 비밀군사조약을 맺은 지 2년밖에 지나지 않았을 때입니다. 게다가 이런 행위는 일본의 여론에도 몹시 안 좋은 인상을 줬죠. 물론 일본 정부는 그때도 냉정하게 대응하여 외상이었던 니시 도쿠지로는 러시아가 그렇게 나온다면 일본은 조선 전부를 차지하면 그만이라고 제안했습니다. 무라비요프 외상이 그것은 인정할 수 없으며 러시아로서는 조선의 독립을 지키는데 관심이 있다고 회답하자, 니시 외상은 깨끗이 단념하고 일본의 경제 진출은 승인한다는 내용으로 니시-로젠 협정을 체결한 것입니다. 그때 일본 측은 아직 소극적이어서 상황을 보고 있었습니다. 아직 군비도 증강되지 않은 상태였으니까요.

하지만 조선은 개화파인 독립협회가 러시아에 대한 비판의 목소리를 높이고 있었습니다. 군사교관, 재정고문, 조러은행 설립, 항만지역에서의 러시아의 토지차용의 움직임 등이 비판의 대상이 됐습니다. 1898년 3월 10일에는 서울에서 8천 명이 참가한 만민공동회가 열리게 되고, 정부는 결국 3월 12일 러시아공사에게 앞으로 러시아인 군사교관, 재정고문은 쓰지 않겠다고 회답하게 됐습니다. 러시아와의 특별한 관계는 이로써 단절된 셈이죠. 일본공사는 기쁨을 감추지 못했습니다.

9. 대립 구조

1900년이 되자 의화단사건이 일어나고 러시아는 만주를 점령합니다. 일본도 '우리 군비는 증강됐다. 러시아가 만주를 취한다면 우리도 조선 전부를 취하겠다'라는 의도를 러시아가 인정하게 만들겠다는 생각에 이릅니다. 이를 만한교환론(滿韓交換論)이라 합니다. 그러나 이 순간에 고종은 '대한제국은 중립국이 되고자 한다'는 생각을 표명하고, 일본에게 공사 조병식을 보내 승인해 주도록 교섭합니다. 당시 일본에서는 동아동문회(東亞同文會) 회장 고노에 아쓰마로(近衛篤麿)가 한일공방동맹안(韓日攻防同盟案)의 실현을 획책하고 있던 터라 조 공사는 고노에의 집요한 방해를 받았습니다. 고노에 측은 한국정부의 내부 사람들과도 결탁하여 황제의 칙서를 위조하여 공작했습니다. 이에 관해서는 일본의 종래 연구에 혼란이 있었습니다. 서영희 씨 연구에서도 이에 관한 내용은 명시돼 있지 않습니다.

고노에의 일기에는 그와 공사 조병식과의 흥미로운 문답이 기록돼 있습니다. 1900년 10월 9일의 일입니다. 한일공수동맹(韓日攻守同盟) 체결의 밀칙이 있는데 어째서 일본정부와 교섭하지 않느냐고 다그치는 고노에에게 조병식은 "귀국하여 상담한 후에"라고 답합니다. 고노에가 왜 귀국을 그렇게 서두르냐고 채근하자 조병식은 일본은 온돌이 없어 춥기 때문이라고 말합니다. 고노에는 "일본에도 노인은 있으며 방한 도구는 갖추어져 있다"고 격분하며 공무를 띠고 국외까지 나와 덥네 춥네 하며 공무를 게을리 한다니 "우리나라 사람들이었으면 모두 국적(國賊)이라고 불렀을 것이다"라고까지 말합니다. 그러나 고노에의 말대로 했다면 그야말로 국적이 되는 것이죠.

이때 궁지에 선 조병식에게 손을 내민 것이 러시아 공사 이즈볼스키(Alexander Petrovich.Izvolskii)입니다. 그는 대한제국의 중립국안을 전면적으로 지지하고 본국과 교섭해서 외상과 황제의 지지를 얻어내 정식으로 이 안을 승인하자고 1901년 1월 7일 일본 측에 정식으로 제의합니다. 그러나 조선전토를 내 것으로 삼으려는 일본은, 중립국으로 승인한다니 말도 안 된다, 그런 얘기는 러시아가 만주에서 물러난 뒤에나 하라고 회답했습니다. 가토(加藤高明) 외상이 청국주재의 고무라 공사와 상의하여 회답한 것입니다. 고무라의 이러한 주장에는 대한제국에서의 일본의 지위가 만주에서의 러시아의 지위를 억제한다는 만한교환론을 넘어선 요소가 이미 보였습니다. 이렇게 해서 1901년에 조선 전부를 취할 작정이던 일본과, 중립국이 되고 싶어 하는 대한제국, 그것을 지지하는 러시아가 충돌한 것입니다. 이것이 러일전쟁 시작의 근저에 있는 대립입니다.

그 해에 가쓰라 다로(桂太郎) 내각이 탄생하고 고무라 주타로가 외상으로 취임합니다. 두 사람은 외무성 내의 러일동맹론자 대표 구리노 신이치로(栗野愼一郎)를 러시아에 파견한다고 하는 모험수를 감행, 성공합니다. 마찬가지로 러일동맹파의 거두 이토 히로부미가 러시아에 가서 러시아와 협정을 맺을 가능성을 모색하게 되지만, 그 배후에서 가쓰라와 고무라는 영일동맹을 추진하여 1902년 영일동맹이 성립합니다. 영일동맹이란 일본이 어떤 나라와 전쟁한다, 예를 들어 조선에서 러시아와 전쟁을 하게 된다면 영국은 중립을 지킨다, 만약 제 3국이 러시아 측에 붙어 전쟁에 끼어들게 된다면 영국은 일본 측에 붙어 싸우겠다는 내용입니다. 일본으로서는 상당히 감사할만한 내용이었습니다.

10. 베조브라조프–보가크의 신노선

이렇게 되자 러시아로서는 어떻게 할지를 생각한 것이 베조브라조프와 보가크입니다. 보가크에 대해서는 이미 말씀드렸습니다. 그는 야마가타가 러시아를 방문했을 때 러시아는 일본과 협정을 체결할 기회를 놓쳤다고 생각했던 사람입니다. 그러니 더 이상 러시아에는 일본과 협정을 맺을 가능성은 없다, 따라서, 극동의 병력을 굳혀 일본이 전쟁을 단념케 하는 것 외에 전쟁을 피할 길은 없다고 생각한 것입니다. 베조브라조프는 근위기병사관 출신의 사기꾼 같은 인물로, 압록강 연안의 삼림 이권을 획책했던 사람이었습니다만, 황제에게 명을 받아 1903년 1월 극동으로 왔을 때 보가크를 만나 그의 생각에 완전히 경도됐습니다. 실은 보가크도 베조브라조프 그룹의 일원이라는 것은 이미 알려져 있었지만 어떻게 해서 두 사람이 맺어지게 됐는지에 관해서는 아무도 알아내지 못했습니다. 제가 그것을 밝힌 것이죠. 두 사람은 함께 극동에서 페테르부르크로 돌아왔습니다. 그리고 보가크는 5월 8일 황제 니콜라이를 알현하고 자신의 의견서를 제출했습니다. 그달 베조브라조프와 보가크도 황제의 고문역으로서 대우받게 됩니다.

두 사람은 '극동의 병력을 강화한다. 여순과 블라디보스톡을 연결하는 압록강을 지켜야할 제일선으로 생각한다. 극동총독제를 설치해서 극동의 외교군사를 일괄적으로 장악하고, 중앙에는 극동위원회를 만들어 황제의 지휘 아래 일원적으로 지도한다'는 안을 수립했습니다. 당시, 여순 요새는 관동주(關東州) 장관인 알렉세예프가 장악하고 있었으나 대련항은 비떼 재무상이 쥐고 있었습니다. 동청(東淸)철도도 남만주철도도 재무성이 장악하고 있었습니다. 하얼빈과 대련은 이른바 비떼의 철도왕국 도시였던 것입니다. '이 상태로는 안 된다. 극동을 일원적으로 컨트롤하여 일본과의 전쟁에 대비해야 한다.', 이러한 생각이 황제의 지지를 얻어 8월 12일에 극동총독제가 실현됩니다. 하지만 두 사람의 구상을 실현하는 데 있어 최대의 걸림돌은 "극동 병력은 충분하다. 걱정 없다. 병력을 증강해야 하는 것은 유럽전선 쪽이다"라고 했던 쿠로파트킨(Aleksei Nikolaevich Kuropatkin) 육군상이었습니다. 베조브라조프 측은 쿠로파트킨을 경질하고자 계속해서 쿠로파트킨을 비판하는 의견서를 황제에게 제출했습니다만, 쿠로파트킨이 맘에 들었던 황제는 쿠로파트킨에 대한 비판을 흘려 넘겼습니다. 쿠로파트킨을 육군상으로 유지하면서 베조브라조프를 지지한다는 모순된 정책으로 인해 황제의 정책은 혼란을 겪게 됩니다.

이상의 베조브라조프, 보가크 파에 관한 제 해석은 종래 연구에 대한 완전히 새로운 주장입니다.

11. 러일교섭

그러한 가운데 1903년 8월 러일교섭이 시작됩니다. 이는 2개월 전 쿠로파트킨 육군 장관이 일본 체재 중에, 6월 23일의 어전회의에서 대러 방침을 결정한 것에 의거한 것입니다. 요컨대 '러시아가 만주에 나와 있으니 머지않아 조선을 차지하러 올 것이다. 따라서 일본으로서는 조선을 어디까지나 일본 것이라 주장하고 일본이 조선을 제압하는 것을 러시아가 승인하게 만들 필요가 있다. 그러기 위해 외교교섭을 하자. 러시아가 그 승인 협정을 체결하지 않겠다고 나오면 전쟁을 할 수밖에 없다. 러시아와 전쟁하기 위해서는 시베리아 철도가 완성되기 전인 지금이 마지막 찬스다. 후에는 그런 기회가 없어지기 때문이다.' 이러한 방침이 6월 22일에 제출된 오야마 이와오(大山巖) 참모총장의 의견서인 「조선문제에 관한 의견서(朝鮮問題二關スル意見書)」에 진술돼 있습니다. 어전회의에

제출된 고무라 주타로 외상의 의견서에도 "만약 이대로 간다면 러시아의 만주지배의 여파는 한반도에 미치게 될 것이다. 그러니까 지금 러시아와 교섭해야 한다. 만약 지금을 놓치면 앞으로 두 번 다시 같은 기회를 얻을 수 없다. 조만간 중대한 국면은 지나가고 원망을 만세에 남기게 될 것이다."라고 되어 있습니다. 고무라의 표현은 애매하지만 참모총장의 의견서와 완전히 합치한다고 볼 수 있습니다. 필시 두 의견서는 서로 조정된 것이라 생각됩니다.

외교를 통해 승인시키든지, 만약 안 되면 전쟁을 통해 승인시키겠다는 것이 러일교섭을 시작했던 일본의 방침이었습니다. 그러니까 본래는 만한교환론으로 타협 가능했던 것이 정보 상의 차질로 인해 전쟁에 이른 것이라는 설에는 찬성할 수 없습니다.

러시아 측은 러일교섭에서 '일본은 조선의 어떤 부분도 전략적 목적으로 사용하지 않겠다는 조항을 반드시 승인해야 한다'는 입장이었습니다. 즉, 일본이 조선을 완전히 지배해서는 안 된다는 것이죠. 이것은 일본에게는 절대로 납득 못할 조항이었습니다. '러시아는 대국인 만큼 일본이 조선을 차지하고 싶다. 수락해 달라고 해도 승인할 수 없다. 패전국도 아닌데 어떻게 그런 일을 승인할 수 있겠는가' 하는 것이 러시아 측 생각입니다. '러시아는 조선 국왕을 계속해서 비호하며 도와 왔다. 대한제국 황제가 중립국이 되고 싶다고 하면 이를 지지해 왔다. 그런 의미에서 일본이 조선을 취하겠다고 할 때 그것을 승인한다는 협정을 체결할 리가 없다.' 극동 총독 알렉세예프도 황제 니콜라이도 그런 생각이었습니다. 이로 인해 러일교섭은 결론이 나지 못했던 것이죠.

러일교섭이 오래 지속된 이유는 일본 국내에서의 전쟁은 할 수 없다고 생각했던 이토 히로부미와 야마가타 아리토모를 설득하는데 있어 이러한 과정이 필요했기 때문이고, 동맹국 영국을 설득하는데도 필요했기 때문입니다. 충분한 교섭을 했으니 이제는 전쟁을 감행해도 어쩔 수 없다는 것을 영국이 인정하게 할 필요가 있었던 것이죠. 실제로 개전했을 때 영국은 조금 더 교섭하라는 의견이었으니, 과연 그 정도의 오랜 교섭은 영국의 지지를 얻어내는 데 의미가 있었던 것입니다.

러일교섭 내용은 대한제국에게는 알려지지 않았습니다. 그러나 일본이 러시아에게 교섭을 제안한 것을 안 단계에서, 고종은 교섭이 전쟁을 유도하는 것임을 정확하게 간파하고 행동을 개시했습니다. 그는 8월 15일부로 러시아 황제에게 보낼 밀서를 작성했습니다. "행여라도 전쟁이 벌어지게 되면 우리나라는 전쟁터가 되는 것을 피할 수 없게 될 것이 우려된다. 혹시라도 그렇게 된다면 귀국의 군대가 승리할 것은 의심할 여지가 없다. 짐은 그것을 경하하는 바이다. 귀국 군대의 장군에게 이쪽 의향을 확실하고 명확히 통보한다. 우리 인민에게 귀국 군의 세력을 도와 곡식을 옮기게 하고 산골에 숨어 초토화 작전을 쓰게 하겠다."

이 편지는 한국 연구자가 모스크바에서 획득해 신문에 발표하셨습니다. 저는 이태진 선생님의 후의로 이 편지를 읽었습니다. 하지만 유감스럽게도 고종의 말은 단순한 바람이었을 뿐 그것을 뒷받침할 만한 것은 없었습니다.

동시에 고종은 전쟁이 시작되면 중립을 지키겠다는 것을 승인해 달라는 교섭을 위해 일본, 러시아 주재 공사에게 지령하는 문서를 작성시켰습니다. 고영희 공사는 9월 3일에 고무라 외상에게 제의했지만 일본정부는 9월 26일, 지금은 교섭 중인데 전쟁에 관한 얘기를 꺼내는 것은 "상서롭지 못하다", 즉 불길하다며 문전박대했습니다. 그리고 "중립국이 되려는 이상, 스스로 중립국을 유지하려는 결심과 실력의 겸비가 필요하다"며, 그러지 못하다면 따를 수밖에 없다고 딱 잘라서 통고한 것입니다. 러시아에 파견된 현상건이 유럽을 둘러보고 러시아에 도착한 것은 11월 14일이었던 것 같습니다. 그가 니콜라이 황제로부터 호의적인 답을 받아 서울에 돌아온 것은 그야말로 개전하기 한 달 전, 1904년 1월 11일 일이었습니다. 왜 이렇게 늦었는지는 밝혀지지 않았습니다.

이 시기의 서울의 분위기에 관해서 폴란드인 바츨라프 세로셰프스키(Vatslav Seroshevskii)가 방문기를 남기고 있습니다. 그는 러시아 제국의 정치범으로 시베리아 유형을 갔던 사람으로, 제실(帝室)지리학회 조사단에 참가하고 일본에서 조선으로 왔습니다. 그는 왕궁에서 일하는 관리 중 한 사람과 친해져 그의 속내를 들었습니다. 왕궁에서는 종종 정전이 발생했습니다. 이 인물은 황제정부가 미국의 전력회사에 전기세를 지불해야 한다고 설명하고 있습니다.

도대체 희망이 보이지 않아요. 교육도 하고, 학교도 열고, 학생들 유학도 보내야 하는데, 돈이 없습니다. 돈이 없는 건 관료들이 도둑질해가기 때문이고, 관료들이 도둑질을 하는 것은 적은 급료에 물가는 자꾸 오르는데 관료들의 연금은 수년 전하고 똑같기 때문이고, 급료가 적은 건 국고에 돈이 없기 때문이지요.(김진영 외(역)『코레야 1903년 가을—러시아 학자 세로셰프스키의 대한제국 견문록』개마고원, 2006, p.420)

세로셰프스키는 러시아 제국의 적이었기 때문에 일본에 호의를 보이고 있었습니다. 그는 일부러 물었습니다. "그래도 그들―일본인, 와다 주―만이 한국에 유용한 개혁을 시도하고 행정체계를 개선하고 사람들을 교육하고 노예제도를 폐지하고 국가경제를 정비하고자 하지 않습니까?"(같은 책, pp.422-423)

그러자 이 조선인은 다음과 같이 답했습니다. "맞는 말입니다. (중략) 하지만 그들은 겉으로만 우리를 만족시키려고 하고 있어요. 우리의 겉모습을 바꾸고, 우리의 내면은 다 파내 버려 껍질만 남기려는 것입니다. 그들은 우리의 혼을 없애려고 합니다."(같은 책, p.423)

이 자료를 발굴하여 2006년에 한국어로 완역한 것은 연세대학교 김진영 노문과 교수입니다. 러시아에서 이 자료가 공개된 것은 2008년의 일입니다.

12. 개전 전야

개전이 임박해 왔을 때 람스도르프(Vladimir Nikolayevich Lamsdorf) 외상이 러시아의 마지막 제안을 종합하는 데 노력한 것은 잘 알려져 있습니다. 이 양보안이 뒤늦게 일본에 도착한 것을 안타깝게 여기는 시각이 있습니다. 시만스키도 그 한 사람입니다. 그러나 이 외상은 위기 시대에 정치적 결단을 할 수 있는 사람은 아니었습니다. 중립지대 요구를 제외한 그의 마지막 회답안은 비밀협정으로 이 조항을 획득하라는 황제의 임의의 명령으로 인해 무의미해졌습니다. 처음부터 람스도르프의 안대로 일본정부에 전해졌다고 해도 일본정부에는 받아들여질 수 없는 것이었음이 분명합니다.

그보다는 베조브라조프가 구리노 공사에게 접근하여 제시했던 러일동맹안 쪽이 더 내용이 있었다고 봐야 합니다. 개전 전야에 베조브라조프는 조선과 만주의 독립·영토보전을 전제로 러시아는 만주, 일본은 조선의 경제개발을 협력하여 추진시키자고, 그러한 동맹을 체결함으로써 전쟁을 회피하자고 제안했습니다. 그것을 메이지 천황과 니콜라이 2세의 직접연락을 통해 실현하도록 제안한 것입니다. 이 동맹안의 텍스트를 처음으로 발견한 저는 그것을 2005년 게이오 대학의 심포지엄에서 발표했습니다. 구리노 공사는 이 제안에 마음이 동했습니다. 구리노가 베조프라조프는 러일동맹을 모색하고 있다고 도쿄에 첫 보고를 한 것이 1904년 1월 1일, 완성한 의견서 내용을 보낸 것이 1월 12일과 14일입니다. 일본정부가 고무라의 제안으로 개전이 포함된 최종답안을 정한 것이 1월 12일의 어전회의였으니까, 구리노의 보고는 사전에 도착했을 가능성이 있습니다. 구리노의 전보를 본 고무라는 사본을 서울의 하야시(林) 공사에게 보냈습니다. 그것이 서울에서 나온『주한일본공사관기록(駐韓日本公使館記錄)』22권에 실려 있습니다. 일본정부의 개전결정은 2월 4일에 나옵니다. 고무라는 러시아황제를 지배하고 있는 전쟁당(戰爭黨)의 중심인물이라고 불리는 베조브라조프가 전쟁회피를 진지하게 바라고 있다는 정보를 받고 그 확인 작업까지 하고 있습니다. 하지만 고무라의 입장에서 보면 베조브라조프는 어디까지나 전쟁당이어야 했던 것이죠. 그는 일본이 이 시점에서 전쟁을 할 필요가 있다고 생각했었으니까요.

대한제국 황제 고종도 마지막 순간에 전시 중립선언을 발표했습니다. 1월 11일에 귀국한 현상건(玄尙健)이 니콜라이 2세의 친서를 고종에게 건넵니다. 고종은 이에 고무되어 전시 중립선언을 발표하기로 결단합니다. 이러한 의사를 들은 러시아 공사 파블로프(Pavlov)는 이를 지지하며 그 실행을 원조했습니다. 즉, 1월 18일 정식 사신이 즈프(芝罘; 산둥반도의 개항장)로 출발하는 동안, 파블로프가 서류를 독일 순양함인 '한자(Hanse)' 함장에게 의뢰해서 여순으로 보내게 하고 거기에서 즈프로 보낸 것입니다. 1월 21일 중립선언은 즈프의 프랑스 영사의 알선으로 각국으로 발신됐습니다.

이 선언에 대한 러시아의 태도에 관해서 말하자면, 러시아는 오랫동안 이 선언을 부정했다고 여겨져 왔습니다. 서영희 씨의 견해도 그렇습니다. 그러나 러시아의 문서를 보면 그것은 맞지 않습니다. 1월 27일 고종황제는 파블로프 공사에게 주러한국공사의 전보를 보여주고 있습니다. 그 전보에는, 아직 중립선언을 러시아 외상에게 전할 결단이 서지 않는다, 왜냐하면 현상건이 페테르부르크로 가지고 갔던 대한제국 황제의 자필서간에는 러일간의 개전 시에는 러시아 측에 서겠다고 표명되어 있었는데, 중립선언이라 하면 약속위반이 되는 것이고, 따라서 러시아 정부가 약속위반이라고 불만스럽게 생각하지 않을까 걱정되기 때문이라고 돼 있습니다. 황제는 파블로프에게 "중립선언을 한 것은 오로지 일본과 그 지지국의 압력과 위협으로부터 몸을 지키기 위한 것으로, 러시아와 일본이 실제로 결렬됐을 시에 자신은 현재 일본이 대한제국의 중립을 이미 확실하게 침해하고 있다는 것을 근거로, 공공연하게 러시아의 동맹국임을 선언하리라고 굳게 결심하고 있다"고 말하고 있습니다. 그러면서 러시아는 중립선언에 부정적이라는 얘기가 있으니 러시아의 공식 반응을

꼭 알고 싶다고 요청했습니다. 파블로프의 전보에 대한 회답은 즉시 옵니다. 1월 29일 람스도르프 외상은 파블로프 공사에게 타전하여 대한제국의 중립선언에 대한 러시아의 회답을 알리고 있습니다. "대한제국 황제에게 다음과 같이 전할 것을 귀하에게 허락한다. 일본과 러시아가 충돌할 때 중립을 지키겠다는 대한제국 측 표명을 황제정부는 전적으로 공감하며 환영한다. 정부는 만족하며 그 보장을 유념한다."

13. 조선전쟁에서 러일전쟁으로

러일전쟁 역시 조선전쟁에서 시작됐다는 것이 제 생각입니다. 1904년 2월 4일에 어전회의에서 개전이 결정되고, 교섭 단절과 외교관계 단절의 통지는 2월 6일 저녁 무렵 러시아 측에 통고됐습니다. 그러나 군사행동은 2월 6일 이미 아침부터 개시돼 있었습니다. 이날 미명에 사세보(佐世保)에서 연합함대가 출동한 것입니다. 제1, 2전대는 여순으로 향하고, 제3전대는 인천을 향해 육군 병사를 태운 수송선과 함께 출동합니다. 그러나 한국 진해만(鎭海灣) 점령의 명령을 받은 제3함대와 제7함대는 6일 아침

쓰시마(對馬)의 다케시키(竹敷)항을 출항하여 이날 저녁 무렵에 진해만을 점령했습니다. 대한제국 황제는 전시중립을 선언한 상태입니다. 그러한 상황 가운데 진해만을 점령하고 육전대가 상륙하여 마산의 전신국(電信局)을 점령합니다. 이것이 첫 침략입니다.

한편, 인천을 향한 제3전대는 2월 8일 인천항 밖에 도착하여 항내에 있던 러시아 군함 한 척이 나오는 것을 공격하여 심각한 피해를 입힙니다. 이것이 러일 간의 최초의 본격적인 전투입니다.

종래의 러일전쟁에 관한 어떤 책에도 진해만의 점령에서 군사행동이 시작됐다는 내용은 나오지 않습니다. 이것은 일본해군 군령부가 작성한 『메이지 37, 8년 해전사(극비)』(明治三十七八年海戰史(極秘))에 기록돼 있는 것입니다. 여순 전투 이튿날인 9일 인천에서도 전투가 있었습니다. 항내에 있던 러시아 군함 두 척이 작정하고 항구를 나오는 것을 맹렬한 공격으로 손해를 입혀, 두 함대는 인천으로 돌아가 자폭자침(自爆自沈)하게 됩니다. 당연히 러시아는 일본에 대해 선전포고를 하였고 그 후 일본도 선전포고를 했습니다.

그것은 "제국이 대한제국의 보전을 중시하는 것은 단기적인 관계에 의거한 것이 아니다. 이는 누대에 걸친 양국 관계에 의한 것일 뿐만 아니라, 대한제국의 존망은 실로 제국의 안위로 이어지는 바이기 때문이다"라든가, "러시아는 이미 제국의 제의를 받아들이지 않아, 대한제국의 안전은 실로 위급한 상태에 빠졌고 제국의 국익은 지금 당장 침해되려 한다"라든가, '대한제국의 보전' 또는 '안전'이라는 말을 세 번 사용하면서, 대한제국을 위해, 대한제국을 지키기 위해서 러시아와 전쟁한다고 강조했습니다. 분명한 허위의 선전적 문서입니다. 이에 반해 러시아의 선전포고는 사실관계를 그대로 전하는 것이었습니다. 후에 러시아 외상 람스도르프는 2월 22일 각국에 통첩을 보내, 일본이 대한제국에 행한 '폭력행위'에 주의를 환기시켰습니다. 첫 번째로는 일본이 중립을 선언했던 대한제국에 상륙한 것을 들고 있습니다. 나아가 일본은 대한제국 황제에게 대한제국은 이후 일본의 행정 하에 놓일 것이라고 선언하면서 따르지 않을 경우에는 일본군대가 황궁을 점령할 것이라고 경고했다고 말하고 있습니다. 분명 이는 과장이지만 그렇다고 전혀 현실과 거리가 동떨어진 얘기라고도 할 수 없습니다.

실제로 일본은 진해만, 마산에 이어 서울을 점령합니다. 게다가 황제정부를 굴복시켜 2월 23일 한일의정서에 조인시켰습니다. "일본의 보호를 받아들인다. 일본의 전쟁에 협력한다, 조선의 토지는 일본이 전쟁을 위해 취해도 상관없다"고 하는 문서에 서명시킨 것입니다. 어차피 일본군이 수도를 점령하고 있고 인천에서는 전투가 일어나고 있습니다. 포격 소리가 들리고 러시아의 군함이 자폭하는 소리가 황제의 왕궁에까지 들려오는 상황입니다. 러시아는 도와주러 오지 않을 것이라며 압력을 가하여 황제를 굴복시키려는 것이죠. 의정서의 조인에 반대했던 황제의 심복 부하 이용익(李容翊)은 일본으로 끌려간 후에는 사라져버립니다. 황제는 완전히 일본의 포로였습니다. 조선의 일본에 대한 항복의 제일보입니다. 러시아의 비판이 적중하고 있습니다.

다음은 평양으로의 진군과 점령입니다. 한 겨울의 내려 쌓인 눈 속의 진군이므로 힘들었습니다. 선봉대가 평양으로 들어간 것은 2월 24일, 제12사단의 주력(主力)이 도착하는 것은 3월입니다. 일본군이 조선을 완전히 점령한 상태는 그 후 1910년의 합병 때까지 계속됩니다. 봄의 도래와 함께 일본군은 압록강을 넘어 만주로 들어가 만주전쟁이 시작됩니다. 러일전쟁이 본격화되는 것이죠.

14. 『언덕 위의 구름』 문제에 관하여

「언덕 위의 구름」이란 메이지 유신의 아이들이 세웠던 목표에 대해 시바 씨가 부여한 명칭입니다. 러시아를 이겨 일본의 안전과 나라의 독립을 지키는 것—시바 씨는 그것이 메이지 시대 사람들이 생각했던 것이라고 설명했습니다. 하지만 러시아를 이긴다는 목표는 실은 조선을 자기 것으로 삼겠다는 것이었습니다. 즉, 『언덕 위의 구름』의 진짜 내용은 인접국 조선을 일본의 보호국으로 삼아 종국에는 합병시킨다는 것이죠.

시바 씨는 메이지 시대 사람들의 심정과 그들의 러시아관(觀)에 서서 『언덕 위의 구름』이라는 소설을 썼습니다. 그러나 그는 이미 도중에 이 같은 메이지 시대 사람들의 노력이 엉뚱한 방향으로 가는 것이 아닌가 하는 것을 감지하기 시작했습니다. 제2권은 청일전쟁이 끝날 때까지를 적은 것인데 그는 후기에 이렇게 적고 있습니다.

요컨대 러시아는 스스로에게 패배한 점이 많았고, 일본은 뛰어난 계획성과 적군의 사정 때문에 계속해서 아슬아슬한 승리를 거둔 것이 러일전쟁이리라. 전후 일본은 이 냉엄한 상대적 관계를 국민에게 가르치려 하지 않았고 국민도 그것을 알려 하지 않았다. 도리어 전쟁을 절대화하고 일본군의 신비적인 강력함을 신격화하였고 이러한 점에서 민족적으로 백치화되었다.

이는 의미심장한 말입니다. 1968년에 집필을 시작해서 이미 그 이듬해에 이렇게 말하고 있는 것입니다. 『언덕 위의 구름』은 동해(日本海)해전이 끝난 지점에서 끝납니다. 전편의 마지막 장은 「비의 언덕(雨の坂)」입니다. 연합함대의 개선 관함식이 끝나고, 이틀 후 아키야마 사네유키는 네기시(根岸)에 있는 시키의 집에 가서 집 앞에 잠시 멈추어 서 있다가 시키를 성묘했다고 적혀 있습니다. 그것이 『언덕 위의 구름』이라는 소설의 마지막 정경입니다.

그러니까 이 소설은 동해 해전이 끝나면서 마치 도중에 중단된 것 마냥 끝나고 있는 것이죠. 포츠머스(Portsmouth) 조약에 관해서도 없고, 그에 불만을 품은 사람들이 일으켰던 히비야(日比谷) 방화 사건도 나오지 않습니다. 그 후의 제2차 한일협약과 보호조약에 관해서도 나오지 않습니다. 갑자기 서둘러 허둥지둥 막을 내리듯이 이 소설은 끝나고 있습니다.

시바 씨의 심중에 무슨 일이 일어난 것일까요? 과연 시바 씨는 『언덕 위의 구름』 마지막에 이르자, 문제는 러시아가 아닌 조선이라고 점차 생각하게 된 것이 아닐까 하고 저는 생각합니다. 실은 이 소설을 쓰기 시작하던 무렵인 1968년 봄에 시바 씨는 가고시마(鹿兒島)의 미야마무라(美山村)에 살고 있는, 도요토미 히데요시(豊臣秀吉)가 침략 당시 데리고 온 조선인 도공의 14대 자손인 심수관(沈壽官) 씨를 만납니다. 시바 씨는 상당히 긴 시간 심수관 씨에게서 이야기를 듣고, 후에 『고향을 잊기 어렵습니다(故鄉忘じ難く候)』라는 소설을 썼습니다. 이 작품은 1968년 6월에 발표됐습니다. 『언덕 위의 구름』이라는 작품 속에는 조선인은 나오지 않지만, 14대 째 심수관 씨가 소설 외부 세계에 서서 시바 씨 쪽을 바라보고 있는 것이죠. 동학농민전쟁의 지도자 전봉준이 『언덕 위의 구름』에 나오는 유일한 조선인이라는 것은 말씀드렸습니다만, 실은 또 한 사람의 조선인 이름이 제6권에 나옵니다. 동해 해전에 나가려는 일본 수뢰정의 사관 가운데 이순신(李舜臣)에게 기도를 올리고 출진한다는 내용이 적혀 있습니다. 이순신은 히데요시의 침략군을 괴롭힌 조선 수군의 제독입니다. 이 사람이 등장하게 된 것이야말로 이 14대 째 심수관이란 존재의 압력에 기인한 것이 아닐까요?

『언덕 위의 구름』 세계의 바깥에서 시바 씨를 응시하고 있던 또 한 명의 존재가 니시자와 다카지(西澤隆二)입

니다. 니시자와 다카지는 마사오카 시키(正岡子規; 하이쿠 시인)의 양자, 마사오카 추사부로(正岡忠三郎)의 고교시절의 동급생입니다. 그는 전(前) 일본공산당 주요간부로 도쿠다 규이치(德田球一)의 사위이며, 나중에 중국파가 되면서 일본공산당에서 제명당하게 되는 인물입니다. 전쟁 중에는 도쿠다 규이치와 함께 후추(府中)의 형무소에 들어간 사람입니다. 니시자와는 옥중에서 마사오카 시키를 읽고 마사오카 시키에게 경도됐습니다. 후년 자신의 동급생인 마사오카 추사부로를 설득하여 마사오카 시키 전집을 편찬하는 데 진력했습니다. 그러한 연고로 시바 씨와 니시자와 다카지는 1971년 무렵에 서로 알게 됩니다. 시바 씨는 니시자와 다카지와 마사오카 추사부로의 교유를 소설로 썼습니다. 『사람들의 발소리(ひとびとの跫音)』라는 시바 씨의 만년의 작품이 그것입니다. 이 소설은 『언덕 위의 구름』의 후기와 같은 작품이 됐죠.

니시자와는 쇼와(昭和:1926-89) 시대의 전쟁에 저항했던 공산당원인데 그 비판적 사상은 메이지의 시대에도 미치고 있습니다. 일본의 조선지배에 대한 니시자와의 비판은 명확합니다. 시바 씨가 니시자와 다카지를 인간적으로 매력 있는 인물로 봤을 뿐 아니라 그 사상에까지 끌렸다는 것은, 시바 씨의 만년의 '토지공유화론'에 니시자와 다카지의 영향이 분명하게 나타나는 점에서 알 수 있습니다. 1975년에는 니시자와의 잡지 『무산계급(無産階級)』에서 시바 씨는 조선에서의 일본의 토지 수탈을 비판하고 있습니다.

이처럼 14대 째의 심수관과 니시자와 다카지, 이 두 인물이 『언덕 위의 구름』의 세계를 응시하고 있었던 것이죠. 그러한 가운데 시바 씨는 이 작품에 어떠한 결말을 부여해야 할지 망설이며 난처해졌던 게 아닐까요? 역시 『언덕 위의 구름』의 세계에 문제가 있다고 생각하기에 이른 것이죠.

『언덕 위의 구름』이 완결된 것은 1972년인데, 11월에 시바 씨는 이 작품에 대해 얘기하면서, 마지막에 아카시 모토지로(明石元二郎)에 관해 언급합니다. 아카시는 러일전쟁 개전 당시의 러시아 주재무관으로, 개전 후 스톡홀름에 있으면서 핀란드인 질리아커스(Konni Zilliacus)를 통해 러시아제국 내의 혁명파에게 자금을 원조한 사람입니다. 전후 시바 씨는, 당시에는 아카시가 러시아의 혁명파에게서 호의를 얻었던 것이 분명하지만, "한일합병이 되어 조선총독부의 경찰정치 전부를 담당했을 때 조선 지사들에 대한 탄압 방법은 교묘하고 교활하기 그지없습니다. 그 때의 아카시는 (중략) 악당입니다."라고 말하고 있습니다. "조선이라는 매우 오래된 문명과 국가형태를 지녀 온 나라"를 식민지로 삼겠다고 하자, 시바 씨는 모든 것을 잃게 된 듯 비참해진 사태를 직시하지 않을 수 없었던 것이죠.

『언덕 위의 구름』이라는 드라마는 이제 막 그 2부가 방영되려 하고 있습니다. 제3부는 2011년 말입니다. 2010년을 전후로 한 3년간은 일본인이 러일전쟁을 비롯해 일본과 한국, 러시아의 관계에 대해 깊이 생각할 기회로 받아들여야 할 것입니다. 제가 쓴 책도 그러한 의미로 활용될 수 있다면 기쁘겠습니다.

범례

1. 인명, 신문명, 학교명, 지명은 원어 발음으로 표기하고, 그 원어 표기를 ( )처리 하여 병기하였다. 다만, 러시아어(키릴 자모)의 경우는 로마자 표기로 대신하였다.
2. 잡지명, 출판사명의 한자는 한국어 발음으로 표기하고 해당 원어를 ( )처리하여 병기하였다.
3. 일본어 텍스트의 제목은 한국어로 번역하고 그 원제를 ( )처리하여 병기하였다.
4. 원문의 「日本海海戰」은 '동해(日本海)해전'으로, 민비(閔妃)는 명성황후로 번역하였다. 그 외 '러일전쟁', '베베르-고무라 각서' 등 복수의 국가명이나 인물명으로 된 단어의 경우, 그 순서는 한국의 사용례를 따랐다.

서울대학교 일본연구소
Reading Japan 3

해 제

● 러일전쟁은 19세기말부터 본격화된 러

● 시아의 동아시아정책을 대일타협으로

종결시킨 계기였으며, 세계사적 측면에

서도 영국, 프랑스, 러시아, 일본의 협

상진영과 독일, 오스트리아, 이탈리아

의 동맹진영으로 양분하는 분수령이

됨으로써 협상진영과 동맹진영간의 제

1차 세계대전으로 치닫는 시발점이 되

었다.

동북아역사재단 연구위원 **최덕규**

I

러일전쟁은 반전과 이변이 어우러지고 극적인 요소들이 곳곳에 포진해있는 2부작 드라마이다. 이를 '이상한 전쟁'이라고 할 수밖에 없는 것은 다음의 몇 가지 이유 때문일 것이다. 우선 러시아의 경우, 회피하고 싶었던 전쟁이었음에도 불구하고 개전으로 휘말려갔으며, 원하지 않은 시기에 미국에 등을 떠밀려 강화회의장에 나갈 수밖에 없었던 점이 쉽게 이해되지 않는다. 자국에게 유리한 시기에 전쟁을 마무리하지 못하고, 왜 시종일관 타의에 의해 끌려다녔는지 의문이다. 일본의 경우, 육상과 해상에서 파죽지세로 승기를 잡았음에도 불구하고, 결과적으로 러시아로부터 한 푼의 배상금도 받아내지 못 한 밑지는 장사를 한 이상한 전쟁이었다. 전쟁에서는 이기고 외교에서 패배한 전쟁이 과연 승전인지 의문이다. 그리고 한국의 경우, 러시아와 일본의 전쟁임에도 불구하고 일본이 러시아령인 연해주를 공격한 것이 아니라 전시중립을 선언한 한국을 침략하면서 시작된 이상한 전쟁이다. 19개월의 전쟁기간에 사할린 이외에는 러시아와 일본 본토에서는 전혀 교전이 없고 오히려 만주와 한반도 및 그 인근해역이 주요전장이 되었던 기이한 전쟁이었다. 결국 이 전쟁은 1905년 9월 5일 포츠머스(Portsmouth)강화조약이 체결됨으로써 승자도 패자도 없는 수수께끼 같은 전쟁으로 끝나고 말았다. 이러한 수수께끼는 러일전쟁이 끝났음에도 불구하고 여전히 일본군의 불법 점령하에 있었던 대한제국에도 해당된다. 여기까지가 러일전쟁의 제1막이다.

제2막은 포츠머스조약이 체결된 지 8일 뒤인 1905년 9월 13일 러시아의 황제 니콜라이 Ⅱ세가 미국대통령 시어도어 루즈벨트(T.Roosevelt)에게 제2차 헤이그평화회의 소집을 통고하면서 막이 오른다. 러시아, 일본, 한국을 중심으로 미국, 영국, 독일, 프랑스가 그 외연을 이루고 있는 제2막은 무력이 아닌 외교전이라는 점이 관전 포인트이다. 그 치열한 외교전의 중심에는 대한제국이 있었다. 일본은 대한제국 점령을 합법화하고자 한 반면 러시아는 국제회의에서 독립국가로서의 대한제국의 위상을 확인하려한다. 한국의 독립이 공인되고 한반도에서 일본군의 철병이 이루어져야만 태평양 연안의 유일한 항구인 블라디보스톡과 연해주의 안전이 담보될 수 있기 때문이다. 이에 1905년 10월 9일 러시아정부가 주러한국공사 이범진(李範晉)에게 헤이그평화회의에 대한제국을 초청하기로 결정하였음을 통보함으로써 20세기 초 한반도는 전쟁의 시발점이자 평화를 발신하는 진원지로서 의미를 동시에 갖게 되었다.

그러나 한국을 둘러싼 러일간의 치열한 외교전은 제2차 헤이그평화회의(1907년 6월 15일~10월 18일)가 개최되기 약 8개월 전인 1906년 10월 9일에 그 정점에 다다랐다. 제1막에서는 쓰시마해전이 분수령이었다면, 제2막에서는 주일러시아공사 바흐메찌예프(Бахметьев Ю.П.)가 일본 외상 하야시(林董)에게 헤이그평화회의에 대한제국의 참가가 불가능해졌음을 통고한 양자간의 회동(1906.10.9)이 그에 해당한다. 이는 신임러시아 외상으로 실용주의 외교를 표방한 이즈볼스키(А.П.Извольский)의 등장과 관련이 있다. 그는 대한제국의 독립을 유지시킴으로써 연해주의 안전을 담보하고자 한 기존의 정책을 철회하고 일본과 직접교섭을 통해 극동러시아의 안전을 보장받고자 했다.

요컨대 그는 한국카드를 통해 대일접근을 모색했던 것이다. 이에 제2차 헤이그평화회의가 열리던 기간에 러시아와 일본은 제1차 러일협약(1907.7.31)을 체결함으로써 종전의 대립적인 양국관계를 접고 만주와 한국문제를 둘러싼 대타협을 이뤘다.

이처럼 러일전쟁은 19세기말부터 본격화된 러시아의 동아시아정책을 대일타협으로 종결시킨 계기였으며, 세계사적 측면에서도 영국, 프랑스, 러시아, 일본의 협상진영과 독일, 오스트리아, 이탈리아의 동맹진영으로 양분하는 분수령이 됨으로써 협상진영과 동맹진영간의 제1차 세계대전으로 치닫는 시발점이 되었다. 아울러 대한제국에게 러일전쟁은 헤이그특사사건을 계기로 퇴위한 고종황제와 해산된 군인들을 중심으로 본격적인 항일 독립전쟁의 길로 들어서게 한 또 다른 출발점이었다.

오늘날 러일전쟁은 "0차 세계대전"으로 불릴만큼 세계사적인 의미를 지녔으면서도 여전히 풀리지 않은 의혹들로 가득 찬 수수께끼 같은 전쟁인 바, 와다 하루키 선생의 강연은 미로를 헤쳐 나갈 한줄기 빛을 만난 듯 반가운 일이었다.

II

이 책은 2010년 11월 17일 서울대학교 일본연구소에
서 열린 와다 하루키 선생의 강연 '러일전쟁과 대한제국'
을 엮어낸 것이다. 주지하다시피 와다 선생은 오랫동안
러일전쟁에 대한 연구를 해왔으며, 이를 바탕으로 최근 『
러일전쟁: 기원과 개전(상,하)』을 출간한 바 있다. 러일전
쟁의 기원과 개전의 과정을 상세히 기술하고 있는 이 저
작은 선생의 서울대 강연의 저본이기도 하다. 이번 강연
은 러시아와 일본의 문서관을 오가며 작업한 경험과 노학
자의 내공이 빚어낸 그의 학문의 결정판이었다.

14개 절로 구성된 선생의 강연 '러일전쟁과 대한제국'
은 세 가지 측면에서 기존연구와 차별된다. 첫째, '베조브
라조프 일파'에 대한 재평가이다. 베조브라조프, 보가크
파에 대한 선생의 견해는 종래의 연구와는 다른 새로운
주장이다. 러일간의 갈등이 고조되던 1903년 5월 극동의
병력을 강화하고, 여순과 블라디보스톡을 연결하는 압록
강 방위를 제일선으로 한 이른바 '신노선(新路線)' 정책이
수립된 것은 베조브라조프가 8년간 극동의 주재무관으로
서 활동한 보가크의 현실적 구상을 받아들인 결과라는 것
이다. 그리고 베조브라조프의 신노선이 성공하지 못한 원

인은 극동보다는 유럽의 병력증강을 우선시했던 육군상 쿠로파트킨의 반대와 육군상을 지지했던 짜르의 정책 혼선이 그 원인이었다는 것이다. 이는 베조브라조프 일파를 모험주의자와 등치시킨 후 이들에게 러일개전 책임을 묻던 종래의 학설들을 재검토하는 계기를 부여했다는 점에서 주목된다.

둘째, 러일전쟁은 1904년 2월 6일, 일본해군의 진해만 점령과 육전대의 마산 전신국 점령으로 시작된 것으로 일본의 조선침략전쟁이 시작되었음을 최초로 밝혔다. 그리고 일본의 한국점령은 한일병합시기까지 지속되었음을 밝힘으로써 러일개전이 곧 한국병합이라는 입장을 견지했다. 선생은 일본해군 군령부가 작성한 극비기록인『명치 37,8년 해전사(明治三十七八年海鮮史)』를 근거로 개전이 1904년 2월 8일 여순항에 정박중인 러시아함대에 대한 일본의 기습공격으로 발발했다는 통설을 반박하고 있다. 그러나 러일전쟁은 청일전쟁과 마찬가지로 조선전쟁으로 시작되었다는 시각은 다른 한편, 한국이 동아시아의 화약고라는 인식을 정형화시키고 확산시킬 수 있는 역설적 사고를 반영하고 있다는 점에서 재고의 여지가 있다.

셋째, 일본의 한국침략과 병합에 대한 반성적 성찰이 엿보인다는 점은 선생의 저서에서는 찾을 수 없는 본 강연의 진수이다. 선생은 한일병합 100년이 되는 2010년을 전후로 3년간 NHK 드라마로 제작, 방영된 시바 료타로의 『언덕위의 구름』이 그려내고 있는 러일전쟁 이미지에 대해 주목했다. 이 작품에서 러일전쟁은 "궁지에 몰린 자가 있는 힘을 다해 임했던 방어전"으로 묘사됨으로써 그것이 일본인의 국민의식을 고양하고 자존심을 회복하는데 기여했지만, 동시에 그 이면의 침략적 본성과 참담한 결과에 대해 냉정하게 반성할 수 있는 기회를 막아버렸다는 문제점도 인식했다. 『언덕 위의 구름』의 핵심 내용이 인접국 조선을 일본의 보호국으로 삼아 종국에는 병합시킨다는 것으로 해석한 선생은 시바 료타로가 훗날 임진왜란 당시 일본으로 끌려온 조선인 도공 14대 자손인 심수관씨를 만났으며, 조선에서 일본의 토지수탈을 비판한 사실을 소개함으로써 러일전쟁과 한일병합의 의미를 재검토하고자 했다. "오래된 문명을 지닌 조선을 식민지로 삼는 것이, 모든 것을 잃을 듯한 비참한 사태에 직면하게 될 수 있음"을 시바 료타로가 직시하게 되었다는 선생의 지적은 이 강연의 사실상의 결론이다.

III

선생의 강연은 상술한 논의들을 통해 기존의 "러일전쟁과 대한제국"에 대한 연구에 신선함을 더해주고 있지만 아울러 몇 가지 학술적인 검토 및 보완을 요한다. 첫째, 베조브라조프-보가크에 대한 재해석을 검토해보자. 이 주제는 러일개전의 '러시아적 원인'과 관련되어 있기 때문에 개전책임을 둘러싼 러시아의 논의들을 살펴볼 필요가 있다. 베조브라조프 일파를 개전의 속죄양으로 삼는 '러시아의 전통적 해석'은 육군상을 지낸 쿠로파트킨에 의해 본격화되기 시작했다. 그는 1909년에 출간된 『러일전쟁에 대한 쿠로파트킨 장군의 비망록』에서 베조브라조프 일파의 모험정책을 부각시킴으로써 자신의 군사적 실책을 정당화하고자 하였다. 이에 러일전쟁의 개전책임은 전쟁직전 동아시아정책의 주도권을 장악한 모험적인 성향의 베조브라조프 일파에게 있다는 이른바 '러시아의 전통적인 해석'이 등장하게 되었다.

특히 러일전쟁 직전인 1903년 8월, 짜르에 의해 재무상에서 해임되었던 비떼는 그가 개인적으로 수집한 공문서들에 근거하여 쿠로파트킨의 '베조브라조프 일파의 책임론'을 보다 체계화시켜 나갔다. "1903년 러시아의 공식적인 동아시아정책 기구를 장악한 침략적인 성향의 베조브라조프 일파는 황제의 정책결정에 막대한 영향력을 행사했으며 짜르 역시 각료들의 의견보다는 이들의 주장을 더욱 신뢰하게 되었다"는 것이 비떼가 그의 정적이었던 베조브라조프 일파에게 개전책임을 전가하기 위해 확산시킨 논리였다. 제정러시아 시기의 개전책임을 둘러싼 논쟁은 이후 소비에트 시기에도 지속되었다.

1920년대 러시아 최초의 맑시스트 사가였던 파크롭스키(М.Н.Покровский)는 '전통적 해석'을 수용하여 이를 도식화하는데 기여하였다. 그는 '전통적 해석'을 도식화하여 제정러시아에는 두 종류의 제국주의, 즉 '군사·봉건적 제국주의'와 '자본주의적 제국주의'가 존재했다고 보았다. 전자는 짜르를 정점으로 하는 베조브라조프 일파가 주도한 침략적인 성격의 것이었고, 후자는 재무상 비떼가 주도한 정상적이고 평화적인 성격의 것으로 규정했다. 그 결과 러일 양국의 갈등을 고조시킨 추동세력은 지주계급에 기반한 극우적인 짜르와 베조브라조프 일파였으며 결국 개전은 이 일파의 모험정책에 그 책임이 있다는 논리를 제시했다.

러일개전 원인을 둘러싼 "전통적인 해석"은 소련 해체 이후에도 여전히 러시아사학계의 주요화두로 이어지고 있다. 1993년 이그나티예프(А.В.Игнатьев)는 그의 논문 "19세기말 -20세기초 러시아의 동아시아정책"에서 비떼의 정책은 경제적인 방법으로 극동에서 러시아의 지위를 점진적으로 강화하는데 그 초점이 맞춰져 있다면, 베조브라조프의 그것은 무력수단을 동원하여 문제를 신속하게 해결하는 것을 선호하였다는 기존의 이분법을 고수하고 있다. 따라서 비떼는 평화적이고 베조브라조프 일파는 공격적이었다는 이분법은 당초 개전책임의 속죄양을 찾는 과정에서 등장했음에도 불구하고 여전히 러일개전 연구의 분석틀로 유효하다.

이에 와다 선생이 제기한 베조브라조프-보가크파에 대한 재평가는 다음의 측면에서 한계를 드러내고 있다. 러시아가 러일간의 갈등이 고조되던 1903년 5월 "극동 병력을 강화하고, 압록강을 방위의 제일선으로 삼는 이른바 '신노선(新路線)' 정책이 수립된 것은 베조브라조프가 8년간 극동의 주재무관으로서 활동한 보가크의 현실적 구상을 받아들인 결과"라는 주장은 매우 신선하지만, 상술한 "전통적 해석"에서 벗어나지 못하고 있다. 오히려 기존의 연구 틀에 따르다보면 "쿠로파트킨을 육군 장관으로 유지하면서 베조브라조프를 지지한다는 모순된 정책으로 인해 황제의 정책은 혼란을 겪게 된다"는 결론에 도달할 수밖에 없다. 이러한 결론은 개전책임을 둘러싸고 지속되어 온 베조브라조프를 둘러싼 논쟁과 그리 다르지 않다.

결국 베조브라조프-보가크에 대한 재평가 문제는 와다 선생의 저작에 대한 평가와 직결된다. 기존의 연구들을 천착하여 보완하였다는 측면에서는 장점이 있지만 제정러시아 시기부터 이어져온 개전책임을 둘러싼 논쟁의 틀에서 벗어나지 못하고 있다는 점은 아쉬운 부분이다.

1905년 3월 3일자 러시아의 황제 니콜라이 II세의 포고문은 러시아의 전쟁목적을 명확히 밝히고 있어 주목할 만하다. "러시아는 자신의 명예와 국격을 지키고 나아가 태평양의 제해권 확보를 위해 유혈의 전쟁을 치르고 있다"고 선언했다.[1] 태평양의 제해권 확보가 러시아황제의 전쟁목표였다. 러일전쟁이 종식된 지 100여 년이 지났음에도 불구하고 태평양의 제해권을 둘러싼 러일간의 대립을 연구한 성과는 그리 많지 않다. 따라서 베조브라조프 일파에 집착하는 한, 러일전쟁사 연구는 태평양으로 나아가지 못한 채 압록강에 머물러 있을 것이다.

둘째, 조선전쟁으로 러일전쟁이 시작되었다는 와다

---

1) ГАРФ. Ф.568. Оп. 1. Д. 206. Л.3-5: Всеподданнейшая записка Министра Иностранных Дел С.С. Графа Ламздорфа. 19 февраля 1905 г.

선생의 주장은 "0차세계대전"으로 불리는 러일전쟁의 시발점이 한반도였음을 부각시킴으로써 한국문제가 지니는 세계사적 의미를 재검토하는 계기가 된다. 아울러 러일전쟁의 제2막이 제2차 헤이그평화회의 소집으로 시작되었다면 러일간의 외교전의 중심에 있었던 한국은 평화를 발신하는 진원지로서 향후 세계사의 전개에 지대한 영향을 끼쳤다고 할 수 있다. 한국문제의 해결방향이 국제분쟁을 법에 의한 평화적인 방식을 추구할 것인지 아니면 현실정책(Real Politic)에 입각한 힘의 방식을 따를것인지 가늠하는 시금석이 되었기 때문이다.

일본은 한반도를 점령하면서 요동반도와 연해주로 진격하기 위한 전략지 요충지를 확보했지만, 그 출발점이 전시중립을 선언한 대한제국에 대한 침략이었다는 점에서 국제법으로부터 결코 자유로울 수 없었다. 러시아의 국제법학자 마르텐스(Ф.Ф.Мартенс)가 포츠머스강화회의에 참가하여 한 푼의 전쟁배상금도 지불하지 않은 채, 러시아에게 유리한 강화를 체결할 수 있었던 것도 일본의 불법행위에 대한 추궁이 성공요인의 하나가 되었다. 따라서 일본은 러일전쟁 기간에 한국의 주권을 침해하는 일련의 협정을 체결했음에도 불구하고, 한국지배를 인정받기 위해 보호조약의 체결을 서두르지 않을 수 없었다. 그러나 협박과 회유에 의한 을사늑약(乙巳勒約 1905.11.17)의 체결은 제2차 헤이그평화회의에서 절차상의 하자를 제기할 수 있는 요건을 충족하고 있었다. 고종황제의 특사들이 헤이그로 간 까닭도 바로 여기에 있었다.

한편 조선전쟁으로 러일전쟁이 시작되었다면 조선전쟁은 언제 끝났는지에 대해 선생은 언급하지 않고 있다. 일본의 한국침략으로 시작된 조선전쟁은 한국강점으로 이어진 동시에 독립을 되찾고자한 대한제국의 독립전쟁을 촉발시켰다. 이에 고종을 정점으로 조직적으로 전개된 대한제국의 대일항쟁은 결국 "41년간의 독립전쟁"의 시작이었다. 1909년 이토 히로부미를 사살한 안중근 의사가 이토의 저격은 "일 개인의 뜻으로" 행한 일이 아니고, "대한국 독립의병의 참모중장된 신분으로 행한 일"이라고 주장한 이유도 바로 여기에 있다. 요컨대 러일전쟁이 조선전쟁으로 시작되었다면, 안중근의사의 이토의 사살은 "한국의 독립전쟁의 일부분에 불과한 것"이었고 1945년까지 한국과 일본제국은 전쟁 중에 있었다고 해야 할 것이다.

셋째, 와다 선생은 일본의 한국침략과 병합에 대한 냉정한 성찰을 시도하면서도 시바 료타로가 왜 한국병합이 일본에게 모든 것을 잃는 비참한 사태의 출발점이 될 것으로 간주했는지 설명하지 않았다. 이는 아마도 제2차 세계대전에서의 승전 이후 프라브다(Правда) 신문(1945년 9월 3일)에 실린 스탈린(И.В.Сталин)의 다음과 같은 대국민담화문에 그 해답이 있지 않을까 싶다. "1904년 러일전쟁에서의 러시아의 패배는 인민들의 인식 저변에 고통스런 기억을 남기고 말았다. 이 기억은 오점으로 남아 우리나라를 짓누르고 있었다. 우리 인민들은 일본이 패퇴하고 역사의 오점이 지워질 그날이 올 것임을 확신하고 이를 기다려왔으며 지난 40년간 이날이 오기를 고대해왔다. 이제 바로 그날이 도래했다. 오늘 일본은 패전을 시인하고 무조건적인 항복문서에 서명했다…".

이상에서 살펴본 바와 같이 선생의 연구는 러시아와 일본의 1차 사료를 바탕으로 노학자의 고뇌와 혜안이 오롯이 투영되어 있는 역작이라 할 수 있다. 이에 선생의 업적이 러일전쟁에서 제2차 세계대전에 이르기까지 한국을 둘러싼 국제관계사 연구의 활성화에 기여할 수 있기를 기대한다. 선생의 학문에 대한 열정과 사랑에 경의를 표한다.

역자후기

● 도쿄대학 명예교수이며 러시아사학자

● 인 와다 하루키 씨의 강연 "러일전쟁과
대한제국"을 한 마디로 줄여서 표현한
다면 숨은 그림 찾기라 할 수 있다.

이경희

이 책은 도쿄대학 명예교수이며 러시아학자인 와다 하루키 선생이, 2010년 11월 19일 서울대학교 일본연구소에서 개최한 특별강연회에서 "러일전쟁과 대한제국(日露戰争と大韓帝国)"이라는 제목으로 강연한 내용을 우리말로 옮긴 것이다. 와다 하루키 선생의 강연 "러일전쟁과 대한제국"을 한 마디로 줄여서 표현한다면 숨은 그림 찾기라 할 수 있을 것이다. 숨은 그림 찾기는 무슨 그림이 숨어 있는지를 먼저 명시하듯이, 와다 선생의 강연은 러일전쟁 속에 '조선'이 숨어 있음을 명시하면서, 과연 '조선'은 어디 있는가? 라는 물음을 던지고 있다. 거기에는 또한, 러일전쟁 100년이 훌쩍 지난 지금까지도 일본인들에게는 왜 그토록 '자명한' 그림이 보이지 않는가? 라는 의문의 목소리도 함께 배어 나오는 듯하다.

일본에서의 일반적 역사 인식과 달리, 러일전쟁은 조선전쟁에서 시작되었다. 뿐만 아니라 러일전쟁은 결코 피할 수 없는 전쟁이 아니었다. 이 두 가지를 해명하고 주장하는데 와다 선생의 이번 강연은 일관하고 있다. 나아가 거기에는 40년 가까이 러일전쟁을 연구해온 역사학자의 시선과, 신역사주의적 비평안을 지닌 문학자의 시선이 교차되고 있다. 예를 들어 전자는 러일전쟁 개전 전야에 러시아 전쟁당의 중심인물이었던 베조브라조프가 일본의 구리노 공사에게 접근하여 조선의 독립과 영토보전을 전제로 제안했던 러일동맹안의 텍스트 발견에서, 그리고 후자는 러일전쟁을 배경으로 한 시바 료타로의 역사소설『언덕 위의 구름』(『산케이 신문』 1968년)의 해석 등에서 각각 확인된다.

이처럼 역사가와 문학가의 복안이 교차되고 있는 와다 선생의 강연은, 러일전쟁의 당사국이었던 3국(일본, 러시아, 한국)의 연구가들을 향해 보다 철저하고 심도 있는 분석을 요구한다. 그리고『언덕 위의 구름』이 러일전쟁 100년의 문턱을 넘어 텔레비전 드라마(NHK)로 다시 찾은 일본의 안방을 향해서는 '러일전쟁 속 대한제국'이라는 숨은 그림 찾기를 과제로서 제시하고 있는 듯하다.

본 강연록을 우리말로 옮기는 작업은 번역자의 역부

족으로 그 미흡함을 완전히 해소하지는 못하였으나 이번에 서울대학교 일본연구소 기획의 교양도서로 발간되기까지 전문가적 식견에서 감수를 맡아 주신 동북아역사재단의 최덕규 선생님께, 그리고 국내의 일반 독자에 대한 배려에서 끝까지 세심한 조언을 아끼지 않으신 동 연구소의 이은경 선생님께 깊은 감사를 드린다.

저자 | 와다 하루키 和田春樹

역사학자(소련・러시아사 전공), 사회운동가

■ 경력

1960년   도쿄대학 문학부 서양사학과 졸업
1960년   도쿄대학사회과학연구소 조수
1966년   동 연구소 강사
1968년   동 연구소 조교수
1985년   동 연구소 교수
1996년   동 연구소 소장
1998년   도쿄대학 명예교수
2001년   도호쿠대학 동북아시아연구센터 객원교수

■ 수상

2010년   한국 전남대학교에서 「제4회 후광 김대중 학술상」 수상

■ 저서

『근대 러시아사회의 발전구조──1890년대의 러시아』(도쿄대학사
회과학연구소, 1965년)
『니콜라이・루셀──국경을 넘는 나로드니키』(상・하)(중앙공론사, 1973년)
『마르크스・엥겔스와 혁명러시아』(경초서방, 1975년)
『농민혁명의 세계──예세닌과 마흐노』(도쿄대학출판회, 1978년)
『한국 민중을 응시하는 것』(창수사, 1981년)
『한국의 물음──함께 찾다』(사상의 과학사, 1982년)

『내가 본 페레스트로이카——고르바초프시대의 모스크바』(이와나미서점, 1987년)

『북쪽 벗에게 남쪽 벗에게——한반도의 현실과 일본인의 과제』(오차노미즈서방, 1987년)

『페레스트로이카——성과와 위기』(이와나미서점, 1990년)

『북방영토문제를 생각하다』(이와나미서점, 1990년)

『러시아 혁명 1991』(이와나미서점, 1991년)

『개국——러일국경교섭』(일본방송출판협회, 1991년)

『김일성과 만주항일전쟁』(평범사, 1992년)

『역사로서의 사회주의』(이와나미서점, 1992년)

『러시아·소련』(아사히신문사, 1993년)

『조선전쟁』(이와나미서점, 1995년)

『역사로서의 노사카 산조』(평범사, 1996년)

『북한——유격대국가의 현재』(이와나미서점, 1998년)

『북방영토문제——역사와 미래』(아사히신문사, 1999년)

『러시아——역사 가이드』(산천출판사, 2001년)

『조선전쟁전사』(이와나미서점, 2002년)

『북한은 유사(有事)를 바라는가——괴선박·납치의혹·유사입법을 생각하다』(채류사, 2002년)

『일본·한국·북한——동북아시아를 살다』(청구문화사, 2003년)

『동북아시아 공동의 집——신지역주의선언』(평범사, 2003년)

『동시대비평——북일관계와 납치문제』(채류사, 2005년)

『테러와 개혁——알렉산드르 2세 암살 전후』(산천출판사, 2005년)

『어떤 전후 정신의 형성 1938-1965』(이와나미서점, 2006년)

『러일전쟁 기원과 개전』(이와나미서점, 2009년)

≪공저≫

와다 아키코『피의 일요일――러시아 혁명의 발단』(중앙공론사, 1970년)

마에다 데츠오『무너지는 나라 이어지는 나라――러시아와 한반도 일본 인근의 대변동』(제삼서관, 1993년)

다카사키 소지『검증 북일관계 60년사』(명석서점, 2005년)

감수자 | 최덕규

한양대 사학과 및 동대학원 졸. 러시아과학원 상트페테르부르크 역사연구소 박사. 고려대학교 아세아문제연구소와 고구려연구재단을 거쳐 현재 동북아역사재단 연구위원으로 있다. 저서로는 『Россия в Корее, 1893-1906』(СПб.,1996)과 『제정러시아의 한반도정책, 1891-1907』(경인문화사, 2008) 등이 있다.

번역자 | 이경희

상명대학교 일본어문학과 졸업. 도쿄대학 대학원 총합문화연구과 초역문화과학전공 학술박사. 현재 상명대학교, 인하대학교 강사. 최근 발표한 논문으로는 「일본낭만파의 '회귀 여행'」(『일본학연구』 2011년) 등이 있다.

IJS 서울대학교 일본연구소
Reading Japan **3**

러일전쟁과 대한제국
日露戰爭と大韓帝國

초판인쇄 2011년 07월 23일
초판발행 2011년 07월 30일

기   획 서울대학교 일본연구소
저   자 와다 하루키(和田春樹)
감 수 자 최덕규
번 역 자 이경희
발 행 처 제이앤씨
발 행 인 윤석현
등   록 제7-220호

주   소 서울시 도봉구 창동 624-1 북한산현대홈시티 102-1206
전   화 (02)992-3253(대)
전   송 (02)991-1285
전자우편 jncbook@hanmail.net
홈페이지 http://www.jncbms.co.kr
책임편집 박채린 이신

ISBN 978-89-5668-865-7 04910   **정가** 6,000원